코젤렉의 개념사 사전 24

협회

코젤렉의
개념사 사전 24

협회
Verein

볼프강 하르트비히 지음
라인하르트 코젤렉·오토 브루너·베르너 콘체 엮음
한림대학교 한림과학원 기획
최성철 옮김

푸른역사

일러두기

1. 이 책은 오토 브루너Otto Brunner·베르너 콘체Werner Conze·라인하르트 코 젤렉Reinhart Koselleck이 엮은 《역사적 기본 개념: 독일 정치·사회 언어 역사 사전Geschichtliche Grundbegriffe, Historisches Lexikon zur politisch-sozialen Sprache in Deutschland》(Stuttgart: Klett-Cotta, 1972~1997) 중 〈협회Verein〉(제6 권, pp. 789~829) 항목을 옮긴 것이다. 볼프강 하르트비히Wolfgang Hardtwig 가 집필했다.
2. 미주는 저자, 각주는 옮긴이의 것이다. 각주로 처리된 옮긴이 주의 경우 주석 앞에 [옮긴이] 표기를 했다.
3. 이 책은 2018년 대한민국 교육부와 한국연구재단의 지원을 받아 간행되었다 (NRF-2018S1A6A3A01022568).

번역서를 내면서

●●● 　《코젤렉의 개념사 사전》(원제는 《역사적 기본 개념 Geschichtliche Grundbegriffe》)은 독일의 역사학자 라인하르트 코젤렉Reinhart Koselleck(1923~2006)이 오토 브루너Otto Brunner, 베르너 콘체Werner Conze와 함께 발간한 '독일 정치·사회 언어 역사사전 Historisches Lexikon zur politisch-sozialen Sprache in Deutschland'입니다. 이 책은 총 119개의 기본 개념 집필에 역사학자뿐 아니라 법학자, 경제학자, 철학자, 신학자 등이 대거 참여한 학제 간 연구의 결실입니다. 또한 1972년에 첫 권이 발간된 후 1997년 최종 여덟 권으로 완성되기까지 무려 25년이 걸린 대작입니다. 독일 빌레펠트대학의 교수였던 코젤렉은 이 작업을 기획하고 주도했으며, 공동 편집자인 브루너, 콘체가 세상을 떠난 후 그 뒤를 이어 책의 출판을 완성했습니다.

《코젤렉의 개념사 사전》이 가진 의의는 작업 규모나 성과물의 방대함뿐만 아니라 방법론적 혁신성에도 있습니다. 기존의 개념사가 시대 배경과 역사적 맥락을 초월한 순수 관념을 상정하고 그것의 의미를 밝히는 데 치중했다면, 《코젤렉의 개념사 사전》은 정치·사회적 맥락 속에서 전개되는 의미의 변화 양상에 주목합니다. 따라서 코젤렉이 말하는 '개념'은 '정치·사회적인 의미연관들로 꽉 차 있어서, 사용하면서도 계속해서 다의적多義的으로 머무르는 단어'입니다. '기본개념'은 그중에서도 특히 정치·사회적인 현실과 운동에 강력한 영향력을 행사한 개념을 가리킵니다.

나아가 《코젤렉의 개념사 사전》은 근대성에 대한 깊은 성찰을 담고 있습니다. 코젤렉은 1750년부터 1850년까지 유럽에서 개념들의 의미에 커다란 변화가 나타나, 근대 세계와 그 이전을 나누는 근본적인 단절이 발생했음에 주목했습니다. 이러한 단절을 그는 '말안장 시대' 또는 '문턱의 시대'로 표현한 바 있습니다. 또한 코젤렉은 근대에 들어오면서 개념은 '경험 공간과 기대 지평'이라는 두 차원을 가진 '운동 개념'이 되었음을 드러냄으로써 근대성에 대한 물음을 성찰하도록 해주었습니다.

《코젤렉의 개념사 사전》은 방대한 기획과 방법론적 혁신성, 근대성에 대한 통찰을 담은 기념비적 저작이라는 면에서 광범위한 차원의 호평과 반향을 불러일으켰습니다. 또한 분과학문의 틀을 뛰어넘는 인문학적 역사 연구의 전망을 제시했다는 점에서 개념사 연구의 표본적 모델로 인정받고 있습니다. 개념사 연구가 비교적 늦은 한국 사회에도 이 책의 존재는 어느 정도 알려져 있습니다.

한림과학원은 2005년 《한국 인문·사회과학 기본 개념의 역사·

철학사전》편찬 사업을 시작하여 2007~2017년 인문한국(HK) '동아시아 기본 개념의 상호소통 사업'을 수행해왔습니다. 2018년부터는 인문한국플러스(HK+) '횡단, 융합, 창신의 동아시아 개념사'로 확장하여 동아시아 개념사 연구의 새로운 지평을 여는 데 기여하고자 합니다. 전근대부터 근대를 거쳐 현대에 이르기까지 동아시아에서 개념이 생성, 전파, 상호 소통하는 양상을 성찰하여, 오늘날 상생의 동아시아 공동체 형성을 위한 소통적 가능성을 발견하는 것이 이 사업의 목표입니다. 《코젤렉의 개념사 사전》의 번역은 우리나라에서 처음 시도하는 작업으로, 유럽의 개념사 연구 성과를 정확하게 이해하는 데 필수적입니다. 그 결과물로 2010년 1차분 〈문명과 문화〉, 〈진보〉, 〈제국주의〉, 〈전쟁〉, 〈평화〉, 2014년 2차분 〈계몽〉, 〈자유주의〉, 〈개혁과 (종교)개혁〉, 〈해방〉, 〈노동과 노동자〉, 2019년 3차분 〈위기〉, 〈혁명〉, 〈근대적/근대성, 근대〉, 〈보수, 보수주의〉, 〈아나키/아나키즘/아나키스트〉, 2021년 4차분 〈역사〉, 〈민주주의와 독재〉, 〈동맹〉, 〈법과 정의〉, 〈헌법〉을 발간했습니다. 이어 이번에 5차분 〈경제〉, 〈반동—복고〉, 〈통일〉, 〈협회〉, 〈습속, 윤리, 도덕〉을 내놓습니다. 이를 계기로 개념사 연구에 대한 관심이 더욱 높아지고, 개념사 연구방법론을 개발하는 시도가 왕성해지기를 바랍니다.

2022년 10월
한림대학교 한림과학원 원장 이경구

CONTENTS

번역서를 내면서   005

I. 서론   011

II. 계몽주의와 절대왕정 시대의 사적私的 연대   015
   1. 17-18세기의 교육운동에서의 '단체|Gesellschaft'   016
      a―'학회Academie', '조합Societät', '단체' 와 학문의 근대적 구상   017
      b―계몽주의적 단체 운동   018
      c―절대주의 시대의 사적私的 단체의 권리   021
   2. 비밀단체   026
      a―집단의 비밀과 구조   026
      b―후기 계몽주의 시대의 단체의 비밀과 정치화   029
   3. 혁명 시기의 정치적 모임Vereinigung   031

III. 계몽주의와 왕정복고 사이 시기의 자발적 모임   037
   1. 사교와 교육   038
   2. 도덕회Tugendbund를 둘러싼 논쟁과 독일의 초기 자유주의의 자기이해   041
   3. 민족-민주주의적 (청년)운동(Jugend-)Bewegung의 협회들   043

IV. 국가공동체와 민족국가 047

  1. "영구 평화"라는 유토피아 048

  2. 구 제국에서 독일연방der Deutsche Bund으로: '국가연합Staatenverein' 050

  3. 민족적 경제통일과 세계경제체제 052

V. 입헌국가와 시민사회에서의 자발적 모임 055

  1. 3월혁명 이전 시기의 자발적 단체와 정치체제 056

    a—사전辭典의 관점: 시민사회의 구성원리로서 '연합'과 '협회' 056

    b—자유주의 이론에서의 '협회'로서 국가 061

    c—결사의 자유에 관한 기본법과 협회의 정치화 065

  2. 독일 초기 노동운동에서의 '협회' 069

    a—초기 사회주의적 이념 연관 069

    b—마르크스와 엥겔스에서의 '생산자 연합' 071

    c—외국의 조직들 072

  3. 3월혁명 이전 시기 시민들의 빈곤 문제 토론 074

    a—국가 "경찰"과 기독교 자선단체 및 하층민의 해방 사이에 있던

      사회적 협회 제도 074

    b—자기구제를 위한 도움으로서 연합: 교육단체의 구상 075

    c—법인Korporation 개념의 도움을 받은 보수적 근대성 비판 077

VI. 산업사회와 그 조직들 081

   1. 1848/49년 이후 협회 용어의 합법화와 분화 082

   2. 산업사회와 중산계층: '협동조합Genossenschaft' 084

   3. 노동운동: "노동자교육협회"에서 "국제노동자연합"으로 086

   4. 동업조합Zunft과 계급 사이의 노동조직: '노동조합Gewerkschaft' 088

VII. 전망 091

옮긴이의 글 097

읽어두기: 주석에 사용된 독어 약어 설명 104

주석 105

참고문헌 126

찾아보기 127

서론

CHAPTER I

Einleitung

I. 서론

● ● ●　　　　'Verein'이라는 단어는 12세기부터 문헌에 나타나기 시작한 중세고지독일어 vereinen 결합하다(고대고지독일어로는 fareinen)에서 파생된 말이다. 이 단어는 14세기부터 몇몇 사물들이나 사람들의 결합, 일치, 모임을 지칭했다. 1338년 이른바 "렌제의 선제후 협정Kurverein von Rense"의 원전 텍스트는 명사형 'Verein'을 아직 몰랐고, 선제후들 사이의 "연합bundnusse" 또는 "결합verbundnusse"에 대해서만 언급하고 있을 뿐이다.[1] 16세기에 "Verein"은 두 파트너 사이의 협정,[2] 슈말칼덴 동맹에서의 개신교 제국 귀족들Reichsstände* 사이의 종교적 연대("기독교적 연대christliche voreine"),[3] 아니면 심지어 제국 제후들 사이에 맺어진 종교를 초월한 결합Zusammenschluß[4] 등을 표현하는 단어로 등장한다. 이 단어가 개념으로 확립된 것은 18세기 후반이다.[5] 이 단어는 이제

---

* [옮긴이] 신성로마제국의 제국의회에서 참석권과 투표권을 갖고 있던 (선)제후, 고위 성직자, 고위 귀족들을 말한다.

독일 제국의 법적 효력의 차원에서 정착되었고—부분적으로는 아직 더 오래된 여성 단수 명사형으로—"선제후 협정eine Verein von Churfürsten"[6] 또는 더 일반적으로는 "제국 제후들 협정 Reichsfürsten-Verein"[7]을 표현할 때 사용되었다. 이 단어는 신성로마제국의 마지막까지 국법의 맥락 안에서 언제나 도시들 사이의 또는 제국의 직접 통치자들 간의 합일이나 단체적 결합의 법 형식을 의미했다.[8] 'Verein'은 훨씬 나중에 와서야 제국 귀족들과 비非독일 국가들 사이의 협약들도 표시하는, 그리고 제국 귀족들 사이의, 외국과 제국 귀족들 사이의, 제국 바깥의 유럽 국가들 사이의 동맹Allianzen을 지칭하는 '연맹Bund' 또는 '연합Assoziation'이라는 의미로 전문화되었다. Verein은 항상 그런 것은 아니지만 우선적으로 "신분Stand" 안에서 공통의 법적인 지위가 전제되는, 실질적인 통치 권력의 소유자들 사이의 결합을 뜻한다.[9]

1790년대부터는 Verein 개념이 자연법적 국가이론과 사회이론의 전문용어로 사용되기 시작했다. 이 전문용어의 기반이 되었던 것은 제국법적-전통적 언어 사용인데, 즉 그것은 원래 서로 분리되어 있던 세력들이 하나의 공통의 목적을 실현하기 위해 결합하거나 연결될 때의 자발성에 근거를 둔다. 신분제적 세계의 틀 안에서 Verein은 회원들을 공통의 결의, 연맹적 회의형식, 공통적 집행기관의 설치와 통제, 협약적 질서에 익숙해지도록 만드는 조직형식Organisationsform이라는 새로운 의미를 만들어냈다. Verein 개념 안에는 전근대적 합의원리Einungsprinzip가 연합적 단체 형성의 특별히 근대적인 형식들과 결합해 있다. 그에 대한 증거들이 드물다는 것은 곧 신분제적으로 조직화된 세계에서 단체를 결성하는 데서 개인의 자발적 결정에서 벗어난 단체적 형식들을 더 선호했다는 사실을 시사한다. 이 점은 무엇보다도 'Verein'이 지금까지 묘사한 의미와는 다르게 일반 사전들에 등장하지 않는다는 사실에서 잘 입증된다.

계몽주의와
절대왕정 시대의
사적私的 결합

CHAPTER II

Die Privatverbindung in Aufklärung und Absolutismus
II. 계몽주의와 절대왕정 시대의 사적私的 결합

1. 17~18세기 교육운동에서의 '단체Gesellschaft'

●●● 　　　　분명하게 정의된 목적들을 공통으로 추구하는 사람들의 자발적이고 한시적인 결합으로서 Verein은 동등한 개인들이 갖는 새로운 형태의 권한Rechtsfähigkeit을 전제로 한다. 이 권한은 자연법에서 그 근거를 찾아볼 수 있다. 그 때문에 'Verein'의 근대적 언어 사용법은, 그 개념이 특별히 단체화와 지배권의 근대적 형식들을 담고 있는 '단체Gesellschaft'라는 개념으로 "넘어가는 과정"에서, 제국법적으로 전승된 의미요소들과 연결되어 있다. 이 과정에서 Verein은 두루 퍼져 있고 지배적인 사적·공적 행동들의 법 형식과 조직 형식이라는 개념적 지위에까지 오르게 된다.

17세기에 '단체' 또는 '결사Sozietät'는 무역과 영업 단체를 위한 명칭으로 사용되었다. 바이마르의 "수익회收益會(Fruchtbringende Gesellschaft)"(1617) 또는 함부르크의 "독일 동지회Deutschgesinnete

Genossenschaft"(1643년경)와 같은 언어 단체들과 더불어 교육에 대한 관심이 지배적이었던 하나의 단체 운동이 당시에 최초로 시작되었다.[10] 17세기에서 18세기로 넘어가는 전환기 이래로 그때까지 파편화되어 있던 클럽과 지식인 모임의 설립 행태가 하나의 넓은 "단체운동과 학회운동"으로 확장되었다.[11]

a— '학회Academie', '조합Societät', '단체'와 학문의 근대적 구상

이 새로운 교육단체 유형의 프로그램은 런던의 "왕립학회Royal Society"와 "프랑스 학술원Académie Française" 등의 서유럽적 모델에 기대어 라이프니츠Leibniz에 의해 독일에서 하나의 학회 설립을 위한 일련의 발기문Denkschriften에서 기획되었다. "예술과 학문을 발전시키기 위한 독일에서의 학회 설립"은 "인류의 복리 증진"에 기여할 것이다.[12] 학문은 이제 정태적으로 전제된 창조 질서에 대한 관찰 행위에서 개선 능력이 있는 것으로 간주되는 자연의 형성 가능성과 종국적으로는 그 자연의 변형 가능성으로 전환되었다. 이론적 자연 지식과 이론 개념을 의미하는 실제적 행동 지향이 구유럽적으로alteuropäisch* 통일되어[13] 여기서 노동으로서의 학문 개념이 만들어졌다. 이때 협회Sozietät는 본질적으로 자신만을 교육시키겠다는 개별적 의도에서 벗어나 그에 맞게 새로운 형태의 정보의 흐름을 만들어내고 지금껏 분리되어 있던 학문 영역들을 서로

* [옮긴이] 근대 이전의 유럽을 말한다.

연결시킬 수 있는, 지식인들의 새로운 의사소통의 형식들을 실현시켜준다. "결사 또는 학회"는 "연륜이 있는 사람들의 많은 협력과 긴밀한 상호교류"를 가능하게 해주고, "종종 실패하거나 소실되기도 했던 훌륭하고 유용한 수많은 사상, 발명, 실험"을 모아주고 보존해주며 전개될 수 있도록 해주고, 이로써 "이론과 경험이 행복하게 결합한다Theoretici Empiricis felici connubio conjugiren."[14] 라이프니츠는 국가 재정의 실용적 기대에서뿐만 아니라 지식인들 모임의 도움으로 행복한 공동체를 창출해내는 목적에 걸맞게 단체들이 국가에 기대는 것에 찬성했다. 하나의 조직은 절대주의적–중상주의적 복지 정책의 목적을 위해 왕정의 편에 서게 되는데, 바로 그 도움을 받아 "예술과 학문, 문학, 의학과 외과의학, 공장과 상업" 등이 개선될 수 있었다.[15] 라이프니츠는 이러한 새로운 유형의 지식인 모임을 "조합Societät"이라는 그 자신의 이름을 통해서라도 전통적이고 관습적인 학설과 지식 돌봄의 장소로서 대학들로부터 떼어낼 것을 주장했다.[16]

b—계몽주의적 단체 운동

라이프니츠의 발기문은 1700년부터 독일을 풍미했던 학회 운동의 강령뿐만 아니라 18세기 중반 이후부터 경제적·사회적 그리고 결국에는 정치적 근대화 과정에서 상당한 의미를 성취하면서 다양한 유형들로 전개되었던 지식인 단체들의 강령도 묘사한다. 지식인 '조합' 또는 지식인 '단체'의 개념 안에는 인식의 가능성과 인식하려는 의지를, 소위 정통이라는 협소하고 고착된 형식으로부터 해방하고자 하는 원래의 개인적 욕구가 자발적으로 단체를 구성하려고 하는 에너지로 바뀌도록 해주는 사적 개인들의 혁신적 권리 주장이 표현되어 있다. "지식인 단체라는 명칭"은 그 회원들에 의해 "유용할 뿐 아니라 수요가 많은 지식Gelehrsamkeit의 증대, 확산, 적용을 위해 하나의 공동 작업과 자발적 기여에 일치된 마음으로 참여하는, 노련하고 활발한 사람들의 학문에 대한 고유의 본능과 특별한 사랑으로 설치된 일종의 회합Versammlung"으로 이해되었다.[17] 여기서는 귀족의 우위와 출생 신분에 따른 사회 질서 자체를 의문시하는 지식인들의 새로운 자기이해가 전면에 드러났다. 학회와 지식인 단체의 회원들은 자신을 신분적 층위와 그 정당성에 엇갈려 서 있는 고유한 신분으로 이해했다. 지식인 단체들은 일종의 동아리 모임들인데, 그 안에서는 사회의 최상층을 차지하고자 하는 귀족들의 권리 주장이 하나의—소규모의—계몽된 시민들에 의해 문제로 제기되다가 점차 사라져버렸다. 이작 이젤린Isaac Iselin은 1770년에, 17세기 후반부터, 특히 18세기에는 "빛과 지식Gelehrsamkeit의 확산을" 장려하는 "일종의 새로운 형태의 기사단"이 형성되기 시작했다고 요약했다. 유럽의 거의 모든 도시에서 제후들과 시민들은 "모든 민족과 모든 신분 중 더 나은 사람들 사이에서 하나의 귀중한 형제애"가 생기도록 해줄지 모르는, 그리고 "지식인들의 신분을 마치 더 나은 귀족 신분처럼" 상승시켜줄지 모르는 "학회들과 지식인 단체들"을 결성했다.[18]

대략 1750년경부터 단체를 결성하려는 이러한 운동은 전체 지식인 계층을 포괄하고 다양한 형태의 협회들로 발전한 일반적인 교육운동으로 확산되었다. 가령 1770년부터 다양한 형태의 독서모임들이나 도서관들을 위해 "독서회Lesegesellschaft"라는 종합 명칭이 통용되기 시작했다. 새로운 독서 욕구뿐만 아니라 그것을 넘어서 새로운 삶의 형식을 찾으려는 노력은 그러한 모임으로 멋진 형식을 갖추게 되었다. 회원들은 "도덕과 취향의 정교함" 속에서, "문학과 학문의 확산" 속에서, "단체 생활의 커다란 기쁨" 속에서 훌륭하게 조직된 독서회의 유용성을 보게 되었다.[19] 독서회는 사교적인 교류를 새롭게 조직했고, 지식 습득에 대해 그리고 지식의 담론적 규명에 대해 공통의 관심을 갖고 그러한 교류를 만들어냈다. 독서는 점차 "사회적 의사소통의 매체"로 확대되었다.[20] "활발한 사교"[21] 안에서 시민적 가치관을 지향하는 상류 지식인들은 근본적으로 변화 가능한 것으로 간주되는 세계 안에서 그 자신들의 고유한, 매우 중요해진 역할에 대해 서로 의견을 주고받았다. 시민 생활과 노동의 실상과 직결되는 이러한 독서회들에서와 동일한 동기들이 농촌에서 수많은 조합(1763년부터)과 애국 협회의 설립을 이끌었다. 이들 조합 또는 협회들은 그들의 강령에 걸맞게 가령 "도덕-경제회Sittlich-ökonomische Gesellschaft"[22] 또는 "예술과 유익 기업 진흥회Gesellschaft zur Beförderung der Künste und nützlichen Gewerbe"[23]로 불렸다. 이러한 단체 안에서 도덕적이고 책임 있는 행동에 대해 스스로 의무와 권리가 있다고 느꼈던, 경제적으로 그리고 정신적으로 독립적인 시민들은 자신들을 애국자로 정의했다. 만일 애국주의가 18세기 후반의 지식인들에게 정치 공동체를 의식적으로 전유하는 것을 의미했다면,[24] 이 단체들은 잠재적으로 정치적이었다. 이 단체들 안에서 그러한 경향에 대한 비판이 쌓였고 또 표현되기도 했지만, 동시에 계몽된 시민들의 행동을 위한 준비 작업도 그만큼 쌓여갔고 표출되었다. 이 계몽된 시민들은 절대주의 시대에 자신들에게 주어졌다고 여겨지는 국가 신민臣民으로서의 역할을 새롭고 적극적으로 인식했고, 적어도 시민적 이해관계와 정부의 권력적 이해관계 사이에 원칙적 대립이 발생하지 않는 한, 광범위한 복지 향상이라는 국가 목적을 더 이상 가부장적인 정부의 보호 임무를 담당하는 "경찰"에게만 맡기지 않았다.

c—절대주의 시대의 사적私的 단체의 권리

이 단체들은 사적인 목적뿐만 아니라 공공복지도 장려해야 한다는 자신들의 권리 주장을 정당화했는데, 이때 이 단체들이 근거로 삼은 것은 자연법적 국가 목적 이론에서 도출해낸 공익의 원칙이었다. 절대주의 국가는 오직 그러한 일부 단체들에게만 법적 단체의 권리Körperschaftsrechte를 부여했는데, 이 단체들이란 전통적으로 일반적인 국가 목적, 즉 복지를 충족시켜주는 데 참여했지만, 그들의 권리를 오직 국가 대리인이라는 자격으로써만 행사했던 기관들로서, 가령 도시, 길드, 대학 등과 같은 법인들Korporationen

을 말한다. 그러나 일종의 법인juristische Person으로서 사적 단체들
이 갖고 있던 이러한 법적 단체의körperschaftlich 성격은 독일에서
절대주의적 헌법 형식이 완전히 사라졌던 1848년까지 법적으로
완전히 배제된 채로 또는 모호한 채로 남아 있었다. 국가의 신민
들 또는 시민들 사이를 연결해주는 법적 토대는 1848년이 넘어서
까지도 여전히 모든 개별적 사안마다 내려지는 공적인 그리고 법
적인 인가 또는 허가였다.

  모임을 결성할 수 있는 자유에 대한 논의는 그 자신의 이론적 토
대를 근대적 자연법에서 찾았다. 개인들의 자발적 결사를 개념적
으로 이해하기 위한 법률 용어로는 로마법적 개념인 'societas'가
이용되었다. 이 개념은 하나의 계약으로 불렸는데, 그 계약 안에서
단체의 구성원들은 하나의 공동의 목적을 달성하기 위해 상호 간
에 일정한 성과에 대한 책임을 졌다. societas는 오직 구성원들socii
사이의 법적 관계만을 만들어냈을 뿐, 조합 자신이 계약 주체로서,
소유주로서, 채무자로서 법적인 책임이 있었던 것은 아니다. 법적
개념 'societas'는 다음 두 가지 이유로 18세기의 자연법적 국가학
과 경찰학에 등장했다. 1) 그 개념은 법적 단체의 권리를 허용하지
않은 채 자발적인 개인들의 결합을 규정했다. 로마의 사법私法
(Privatrecht)에서 유래한 그 개념은 18세기 말에 이르기까지도 여전
히 영리 회사Erwerbsgesellschaft와 상사商社(Handelsgesellschaft)를 의미

했다. 체들러Zedler에 따르면, "공동체Gemeinschaft, 동호회Mascopey,*
회사Compagnie, 공동단체Communität 등이", 특히 "자신의 상업 활
동을 수익과 손실 모두를 서로 나누는 방식에 따라 공동체적으로
전개하는 상인들"이 "라틴어로는 Societas 또는 Sodalitas, 프랑스어
로는 Société 또는 Compagnie로 불리는 Societät"라는 이름을 자신에
게 부여했다.[25] 2) 그 개념은 개인들의 개별적 법적 능력이라는 전
제에서 등장했고, 그에 따라 자연법적 국가이론과 사회이론, 즉 원
래 법적으로 동등한 개인들의 자발적 접촉이라는 기본 사상에 상
응했다. 로마법적 개념으로서 'societas' 또는 '단체Gesellschaft'가
자연법 이론에서의 '사회Gesellschaft'와 동등한 의미를 갖는다는 점
은 곧 개념적으로 하나의 민법사회Privatrechtsgesellschaft로서의 시민
사회의 형성을 예고한다.

관료들이 대체로 계몽된 단체들의 구성원들로 구성된 계몽 절
대주의 국가는 근대화에 박차를 가하는 데, 실용주의적이고 공리
주의적인 단체들과 농업적이고 애국적인 지식인 조합들이 공적인
성과를 내는 데 지대한 관심을 갖고 있었다. 그 때문에 경찰학과
국가법 이론은 그 단체들을 허용하는 것에 찬성했다. 경찰학과 국
가법 이론은 물론 아직까지는 시민적 자유의 유보 영역의 경계를
법적으로 명확히 설정하지는 않았지만, 그래도 사적인, 동시에 공

---

* [옮긴이] 중세저지독일어에서 유래한 말로, 여기서 mat(e)는 Geselle(동호회원)와 "Maat"(동료)를
뜻하고, -schop는 독일어의 명사형 어미 -schaft를 뜻한다. 이 단어의 흔적은 Gesellschaft를 뜻
하는 네덜란드어 maatschappij에 남아 있다.

적인 유익한 행동들을 위한 공간을 마련해주었다. "자신들이 가고
자 하는 길을 통치자에 의해 …… 용인받는 사적 단체들"은 허용
되어야 하지만, 관청에는 당연히 그들을 감독할 권한이 있었다.[26]
'사적 단체'라는 개념은 또한 국가적 기능들을 자신들의 구성원들
에게 부과하는 것을 허용했던 법인들Korporationen로부터 단체운
동을 분리하는 데도 기여할 수 있었다. 이 법인들은 그래서 "공적
단체들" 또는 "국가 단체들"로 불렸다.[27] 여기서 자연법적 핵심 개
념인 '단체Gesellschaft'는 이미 매우 일반적으로 통용되었고, 그러
다 보니 전통적인 개념으로서 연맹들Verbände은 단체라는 개념 아
래에 종속될 수 있었다.

더 최근의 시기에 협회를 위한 입법화가 시작된 계기를 이룬
1794년의 프로이센 일반 국법das Allgemeine Preußische Landrecht에
서는 "국가의 다양한 구성원들을 묶어주는 결합체"로서 연합들
Assoziationen의 공동체적 최종 목적에 대한 문제가 결정적인 쟁점
이 되었다. 그 법은 "목적과 업무에서 평온함, 안전, 질서를 해치
는 단체들"은 금지시켰다.[28]

1790년대가 시작되는 시점부터 더 최근의 자연법[29]에서는 사적
개인들의 행위 영역들, 즉 사회 전체를 국가로부터 분리하려는 경
향과 국가의 목적을 시민적 자유를 더 많이 허용하는 쪽으로 경계를
설정하는 경향이 뚜렷하게 나타났다. 단체결사법Vereinigungsrecht은
이제 출판의 자유, 표현의 자유, 이동의 자유와 같은 권리들 목록
의 맥락 안에서 등장했다. 이 법률 목록은 물론 아직까지 사상적

으로 그리고 개념적으로 헌법적 성격을 갖지는 못했는데, 다시 말해 그것이 국가 이전에 기본적 인권에 대한 권리 주장으로부터 도출된 것은 아니었다. 그 목록은 오히려 신민의 권리와 정부의 권리 사이의 대립 관계라는 더 오래된 전통 속에 서 있었다. 가령 귄터 하인리히 폰 베르크Günther Heinrich von Berg는 다음과 같이 강조했다. 즉 "공동체적 사안, 특히 일반적인 고충 때문에" 가끔 발생할 수 있는 "민중 집회와 회합들"이 설령 당국에 집회 개최에 대한 사전 신고가 이루어지지 않았다 하더라도, "그 자체로" 불법은 아니라는 것이다. 이로써 자유로운 시민적 모임과 집회는 명백히 "합법적"이라고 선언되었다.[30] 그렇지만 시민적 자유는 전체적으로 "자유를 감시하는 경찰"을 통한 감시하에 놓여 있었다.[31] 자연법 이론의 영향으로 18세기 후반기에 들어서는 교회도 역시 소위 합의체 이론Kollegialtheorie에서의 '조합societas'으로 규정되기에 이르렀다.[32] 교회는 이로써 다른 모든 기관과 마찬가지로 일종의 단체의 지위를 갖게 되었다. 영성적 교회ecclesia spiritualis이자 신적인 재단財團(göttliche Stiftung)이고자 하는 교회의 권리 주장은 뒤로 밀려났다. 교회의 성직자적 업무는 일반적인 복지의 목적 속에서 사라졌다. 계몽주의에 입각해 성직자들의 권리도 역시 이성으로부터 입증될 수 있어야 한다는 사실로부터 이제 "교회"도 "종교의 진리와 실현을 향한 모든 의도 없이 그저 단순히 하나의 성직자 단체로" 간주될 수 있어야 한다는 점이 도출되었다.[33]

2. 비밀단체

a—집단의 비밀과 구조

'비밀단체'라는 개념은 독일의 후기 계몽주의 시대에 하나의 중심적인 지위를 차지하고 있었다. 그 당시의 동시대인들은 그 개념에 수많은 기능, 그것도 서로 밀접하게 얽혀 있는 기능들을 연결했다. 가장 전면에 놓인 것은 신분과 종교와 민족이라는 제약을 뛰어넘어 모든 사람이 서로 교류하고자 하는 욕구였다. 여기서 문제가 되는 것은 무엇보다도 신분사회, 절대왕정의 지배체제, 특권질서, 파편화된 영토, 서로 다른 종파에 따른 속박과 같은, 계몽된 교육계층이 스스로 성장하고자 하는 권리 주장을 방해하는 제약들을 극복하는 것이었다. "자신의 학생들에게 가슴에서 우러나오는 호의를 그들이 속한 국가의 경계에 한정시키지 말라고 가르치고, 모든 인간적 행복의 적"을 "[종교혐오를] 근절시키고자 추구하며," 종국에는 "인간의 진정한 가치를 그 인간의 내적인 고귀함에 따라 판단하는 결사단Orden"[34]은 곧 계몽주의적으로 각인된 지적이고 사회적인 운동의 핵심적 계기를 의미했다. 그 운동은 프리메이슨 비밀결사 집회소Freimaurerlogen*뿐만 아니라 이념적으로 그리고 정치적으로 프리메이슨으로부터 독립한 황금십자단

---

* [옮긴이] '자유 석공 모임'이라는 뜻의 Freemasonry는 중세의 석공 길드에 기원을 둔 것으로 보인다. 공제共濟, 우애를 목적으로 결성된 단체였고, 그 개별 단위를 뜻하는 로지Lodge들을 묶는 큰 조직인 그랜드 로지Grand Lodge의 최초 모임은 1717년 영국에서 있었다.

Rosenkreuzer*과 계명결사단Illuminaten**의 지부들까지도 포괄했다.

점차 증가한 개인들의 권리 주장이 호기심과 관심을 열어젖혔고 지적 충동의 빗장을 풀어냈다. 절대왕정이 지배하는 신분적 세계에서 지식과 행동의 엄격한 속박 속에서는 경험과 체험을 향한 갈망이 펼쳐질 가능성이 적었기 때문에, 그러한 갈망은 비밀 속으로 스며들어갔다. "비밀단체"는 "현실 세계를 완전히 새로운 시각에서" 바라볼 가능성을 만들어줬고, 전근대 사회 안에서 전통에 따라 전개되는 도덕성과 행동규범이 억압되고 금기시되어왔던 "인간적 열정, 기질, 기획, 의견, 상상"35을 위한 대용품을 제공했다. 비밀은 이러한 지적 능력과 내면성이 증가하는 추세가 더 활성화될 수 있도록 시민사회에 대해 비밀 엄수의 보장을 약속해주는 활동 영역을 마련해주었다. 따라서 비밀은 한편으로는 특별함과 경계 설정의 수단이면서도, 다른 한편으로 어쩌면 바로 그 때문에라도 더욱더 강도 높은 공동체 교육의 수단이기도 했다. 더 나아가 자기결정을 더 강하게 추구하게 된 개인은 자신의 고유한 개성을 찾아나가는 데 도움을 줄 것을 약속해주는 하나의—스스로 선택한—조직 안에 들어갔다. "도덕적 목적", 덕의 함양은 자기이해의 핵심이었고, 그것은 또한 관련 단체의 추종자들과 회원들을 떠나서라도 일반적으로 "모든 비밀결사에게" 그 정당성을 보

---

* [옮긴이] 정식 명칭은 '황금장미십자단Orden des goldenen Rosenkreuzers'이며, 접신술接神術, 자연과학, 연금술 지식의 함양을 목적으로 17세기 초에 독일에서 결성된 단체다.
** [옮긴이] 기성 종교에 반대하는 것을 기치로 1774년 독일에서 결성된 단체다.

증해주는 "유일한" 목적으로 남아 있었다.[36] 하나의 확실한 배타성이 내적 지도指導의 권리 주장과 사회적으로 결합했다. 그러한 "결합들"의 "비밀"로부터 도출되는 것은 "모든 사람이 참여하지는 않는, 어떤 특별한 것을 자기들끼리" 공유한다는 짜릿한 흥분이었다.[37] 빌란트Wieland에 따르면, "비밀난제들"의 회원들은 "예선부터 거대한 군중들의 눈에는 전혀 보이지 않는" 채로 남아 있던 것을 볼 수 있었다.[38]

프리메이슨 단원들, 황금십자단 단원들, 계명결사단 단원들은 자신들도 그렇게 불렀지만, 비평문학 작품에서도 전적으로 '교단 Orden' 또는 '종단Sekten'으로 불렸다. 이러한 언어 사용은 18세기 말 마지막 20년 동안 이러한 협회 결성 유형의 그리고 독일 계몽주의의 본질적인 구조적 특성을 설명해준다. 동시대의 논의는 "세속적 민중das profane Publikum" 또는 "세속인들die Profanen"로부터 비밀단체 회원들을 가감 없이 구분해주었지만, 그럼에도 불구하고 결사단원들은 "세례를 받지 않은 일반 민중들der ungeweihte Haufen"로부터 자신들을 구분하고자 하는 그들의 권리 주장이 1780년대부터 점진적으로 비판받는 상태에 놓이게 되었다고 여겼다.[39] 프리메이슨 단원들에게는 그들의 "형제 성직자들Brüder Clericos" 중 일부를 또는 그들의 "스승들"을 "경배한다거나 숭배한다는 식으로" 부르는 것이 흔한 일이었다고들 한다. 즉 그들은 비록 "종교와 아무런 상관이 없었"지만, "성직자 계층"으로부터 유래한 이러한 명칭들을 가져다 썼다.[40] 이러한 신성한 언어 세계는 계명결사단의 창건자 아담 바이스하우프트Adam Weishaupt에게서 과잉 경향들로 나타났다. 그는 자신을 "예수 그리스도"와 비교했으며, 자신의 비밀결사 프로젝트를 기획할 때 "계시자들, 성자들, 신의 선민選民들"에게 자문을 구했다.[41] 비밀단체들이 신성한 내용을 수용했다는 것은 곧 다른 측면에서 보았을 때 공식 교회를 비판했다는 점을 의미했다. 자신을 '교단Orden'이라고 부른 것과 이질적으로 '종파Sekte'라고 부른 것은 곧 이곳 교회의 바깥에서 또한 종교적 자극들이 세속화된 형태로 하나의 조직을 창조해냈다는 점을 표현한 것이다.[42]

b—후기 계몽주의 시대의 단체의 비밀과 정치화

계명결사단의 창건(1774)과 함께 비밀단체들의 훈육Erziehung과 교육Bildung에 대한 권리 주장은 개인적 자아실현의 경계를 넘어섰을 뿐만 아니라, 더 나아가 개인의 도덕성 요구를 절대왕정 지배의 현실 및 그 지배의 정통성 원리들과 정면으로 맞서도록 해주기 시작했다. 인간을 교육시킬 가능성에 대한 무한한 기대는 이제 비밀단체를 통해 지배체제를 해체하기 위한 프로그램으로 전화轉化했다. 아담 바이스하우프트는 인류를 변화시키는 것으로서 교육 가능성이 "혁명"을 일으킬 수도 있다는 사실을 출발점으로 삼았다.[43] 그에 따르면, 지배체제라는 것은 억제되지 않은 열정들이 외적인 의지에 불가피하게 굴복했기 때문에 발생한다는 것이다. 따라서 만일 인류의 자율성을 향한 교육이 성공한다면, 지배를 위한 제도들은 무용지물이 될 것이다. 바로 이로부터 계명결사단의 이론과 실천의 독특한 위치가 계몽주의적 교육 유토피아와 절대왕정 국가 안으로 잠입하려는 정치적 계획 사이에 형성되었다. 바이스하우프트는 결사단의 현실적 의도를 "정치"라고 돌려서 말했다.[44] 계몽주의와 절대왕정은 이로써 결코 극복될 수 없는 모순에 빠지게 되었다.

1780년대 초반부터 시작된, 비밀단체들이 갖던 기능들과 가능한 위험들에 대한 논의는 동시에 계몽 절대주의의 기능 양식과 위기가 무엇인지를 알게 해주었다. 그 때문에 칸트의 눈에는 "자유의 정신" 없이, 즉 국가의 강제 독점을 독립적으로 또 이성적으로 세우고자 하는 신민들의 권리 없이, "국가 체제의 메커니즘 아래" 그저 단순히 "복종하는 것"이 곧 "모든 비밀단체들이 생겨나도록 만드는 동인動因"으로 비쳐졌다.[45] 1780년대 중반부터 출판 상의 대결이 잠재적 정치화에서 공개적 정치화로 넘어가는 시점에서는 정치적 모반謀反 이론들Verschwörungstheorien의 등장이 특징적이었다. 계몽주의를 선도하던 사상가들과 새로이 등장하는 보수주의를 선도하던 사상가들은 서로 대립 관계에 들어섰고, 정치권력을 위한 비밀스러운 투쟁을 위한 수단으로 비밀단체들을 이용한다고 서로에게 책임을 전가했다.[46] 계몽주의를 반대하는 운동은 자신을 더 이상 종교적 영역에만 한정시키지 않고 오히려 계몽주의 운동의 정치적 위험성을 부각시키면서 활력을 띠기 시작했다. 계몽주의의 반대자들은 비밀단체들의 도덕적 해방을 위한 권리 주장을 정치적인 전복 의도와 동일한 것으로 간주했다. "비밀결사단 집회소들Logen"은 "잘못 이해된 자유의 개념"에 전염되어서 마치 "…… 도덕적이고 정치적인 페스트 전염병의 온상들"처럼 되어버렸다.[47] "비밀결사단들"은 "철학자들의 관심"을 끌었고, "계몽주의와 세계시민주의의 노예들"로 전락했다.[48] 언어정치적으로 정점에 이른 것은 혁명이 이중적인 의미에서 계명결사단원들에 의해 조종된 비밀단체들의 모반적 조직을 통해 발발하게 되었다는 테제였다. 실제로 1795년부터는 모반 이론의 정치적 요점이 비밀단체들을 좌지우지했다. 즉 1789년에 "대부분의 프랑스 프리메이슨 집회소들"은 이미 "계명결사단 집회소들"이 되어 있었다. 자신들이 꾸미는 음모에 대한 비밀을 유지하기 위해 "계명결사단 집회소들"은 "자코뱅 클럽Jacobiner-Club, 코르들리에 클럽Cordeliers-Club, 푀이양 클럽Feuillanten-Club" 등으로 이름을 바꾸었다.[49]

3. 프랑스혁명 시기의 정치적 모임Vereinigung

독일의 정치 언어 안에 '클럽Club'이라는 용어가 수용되었다는 것은 곧 자발적 모임의 역사를 두고 봤을 때 비밀스런krypto 모임 또는 정치화되기 이전의vorpolitisch 모임에서 공개적인 정치적 모임으로 질적인 전환을 이루었다는 사실을 표시해준다. 클럽이라는 용어는 전적으로 프랑스에서의 정치 전복 경험의 징후 아래 놓여 있다. '클럽'은 혁명이 발발한 시점부터 두드러지게 혁명의 반대자들에 의해 일종의 투쟁 개념이자 고발 개념으로 비난을 받았고, 1848년 3월혁명 이전 자유주의적 국가이론에서까지 바로 이러한 의미의 부정적인 개념으로 남아 있었다. 그러한 정치 모임의 회원들 또는 소위 독일의 자코뱅주의자들도 역시—적어도 처음에는—'클럽'보다는 '단체Gesellschaft'라는 용어를 더 선호했다. 공개적인 정치 클럽들은 당시 독일에서 오직 프랑스혁명군에 의해 점령된 지역들에서만 있었다. 그 클럽들 중 가장 중요한 클럽이 바로 마인츠의 "평등과 자유 친우회Gesellschaft der Freunde der Gleichheit und Freiheit"였다. 혁명의 지지자들은 이 단체의 틀 안에서 협회와 같은 종류의 결합들의 본질과 기능을 명확히 알고자 노력했다. 이 단체의 기관지였던 《시민의 친구Bürgerfreund》는 1792년 10월 다음과 같이 썼다. 마인츠에는 오늘날 "자유와 평등을 위한 단체로서 이곳에 있는 공적이고 자율적인 클럽의 편에 서겠다"며 좋은 생각을 품고 있는 궁정 의회 또는 시의 다른 의회의 의원들이 있다. 그들이 그렇게 생각하는 이유는 "자신들의 수준을 시민들 수준으로 낮추어야 했기 때문"인데, 즉 이들은 "자신들이 인간임을 더 이상 부끄럽게 생각하지 않"아야 했다.[50] 신분제적-봉건사회에서 특권이라는 법적 형식을 갖는 수많은 자유의 자리에 이제 집합단수의 개념으로서 '자유'가 들어서게 된 것이다. 평등의 요구는 "모든 이성적인 인간들"에게 "입법에의 동등한 참여권"을 주장했지만,[51] 분명히 소유의 평등을 의미하지는 않았다. 사적 개인과 정치적 인간의 분리, 인간과 시민의 분리, 사회와 국가의 분리는 클럽을 통해 지양되어야 한다는 것이다. 그러나 "사회"는 그럼에도 불구하고 그 자신을 위해 명백히 모든 "공적公的으로 인정된 정치적 실존"을 거부했다.[52] 독일 자코뱅주의자들은 협회에 적대적인 프랑스혁명의 기본 입장을 자신들의 것으로 받아들였는데, 왜냐하면 프랑스혁명에게 중요했던 것은 무엇보다도 자유로운 노동계약을 관철시키는 것, 길드의 단체적 연맹들을 해산시키는 것, 국가 시민들과 입법기관 사이에 놓여 있는 권력을 더 이상 용인하지 않는 것이었기 때문이다. 이러한 첨예한 입장은 아무리 연합적 성격의 자발적 연맹이라 하더라도 그것에 하나의 명백히 정치적인 지위가 허용되지는 않는다는 점을 설명해준다. 그러한 연맹은 루소의 일반의지volonté générale에서 얘기하는 통일과 배타성에 대한 권리 주장의 의미에서 개인의 정치적 자유를 제한하는 것으로, 그리고 전체 시민계층의 정치적 의지가 새로운 개별적 관심으로 쪼개져 나가는 것으로 보였다. 마지막으로 그 배후에는 계몽주의의 교육 작업을 통해서 그리고 계몽된 사람들의 담론 속에서 이성적인 정치적 의지가 관철될 수 있을 것이라는 믿음이 놓여 있었다. 교육에 의존하는, 그러면서 또한 사회적인 배타성을 향하기도 하는 계몽주의의 경향에 상응해, '민족Volk'이라는 개념이 아무리 새로운 의미 영역 안으로 통합되었다 하더라도 그러한 개념의 통합이 아직은 "민족친우회die Gesellschaft der Volksfreunde"[53]와 같은 단체를 하층 시민들의 조직으로 만들어내지는 못했다.

프랑스에서 혁명이 급진적으로 변해가면서 그리고 독일에서 전쟁이 악화되면서 마인츠 클럽은 계몽의 변증법이 개념적으로 자신을 비추는 상황으로까지 내몰리게 되었다. 1793년 3월에 "민족단체들Volksgesellschaften의 목적"은 더 이상 "민족을 교육시키는 것"에 머물지 않고 그것을 넘어서 "좋은 일을 행하는 데 방해가 되는 적들을 발견"하고 "그들의 음모를 좌절시키는 것"으로까지 나아갔다.[54] 클럽은 이제 자신을, 정치적 교육을 위한 하나의 단체의 역할에서 벗어나 일종의 복지 향상을 위한 위원회 역할을 수행해야 한다고 보게 되었다.

혁명적 사건들이 연속해서 발생함에 따라 독일에서는 비정치적인 또는 정치화되기 이전의 단체들조차 활동의 자유가 심하게 감시받고 제한되었다. 언어정치적으로 이러한 현상은 '독서회'와 '클럽'이 동일시되면서 나타났는데, 각 정부들은 그러한 동일시와 함께 독서회들이 일반적으로 정치적 의도, 정치적 영향력, 그리고 혁명에 대한 공감을 갖고 있다고 생각했다.[55] "외관상 독서회의 특징을 선도하는 사적 개인들의 집회들"은 "오늘날 그 자체로 의심스럽다"는 것이고, 그 때문에 그 집회들은 "정치적 국가 안에서"는 용인될 수 없다는 것이다.[56] 이로써 관청 용어로도 정치화되기 이전 단체들의 잠재적인 정치적 성격이 확인되었다.[57] 정치적 색채를 띤 모든 모임은 잘못을 고발하는 종합 표현인 '클럽'이라는 단어 아래 모였다. 국가주의적 논거에서와 마찬가지로 보수주의적 또는 자유-보수주의적 논거에서도 "클럽 정신을 가진 자

Clubgeist"는 하나의 독립적인 활동 주체자로 상승했다. 모든 클럽은 "선동가들Demagogengeist"을 위한 활동 영역으로 간주되었다.[58] "클럽의 목소리"는 "민중의 목소리Volksstimme"로 통용되길 원한다는 것이다.[59] 바로 이러한 논평으로부터 그 이래로 언제나 반복해서 국가주의적 입장에서 모임을 비판하는 관용적인 문구가 파생되어 나왔다. 즉 사적私的 단체는 현존하는 국가 체제 안에서 하나의 새로운 정치기구를 형성한다는 것이다.

계몽주의와
왕정복고 사이 시기의
자발적 모임

CHAPTER III

Die freiwillige Vereinigung zwischen Aufklärung und Restauration

III. 계몽주의와 왕정복고 사이 시기의 자발적 모임

1. 사교와 교육

●●● 　　　1790년대가 시작될 즈음부터 특징적으로 계몽주의적 협회 제도라는 강력히 보편주의적인 개념에 맞서 사교라는 목적이 자리를 잡아가기 시작했다. 세기의 전환기 시점부터 전적으로 비정치적인 협회들의 창립이 물결을 이루기 시작했다. 이것은 사적인 협회들을 정치와 무관한 단체로 만들고자 했던 각 정부들의 탈정치화 정책의 결과이기도 했지만, 자신의 뿌리를 계몽주의와 감상성感傷性에 의해 촉발된 개체화 과정에 두고 있던 새로운 종류의 욕구, 즉 비록 가족 바깥에 있지만 가족처럼 "친숙한" 결합의 제한된 공공성 속에서 감정Gemüt과 내면성을 완전히 다 살려내고자 했던 욕구의 결과이기도 했다. 세기의 전환기에 사용된 용어들을 보면, 이러한 과정은 계몽주의적 단체 개념Gesellschaftsbegriff이 갖고 있던 함의들에 대한 점증하는 비판 속에서, 그리고 '단체

Gesellschaft'라는 개념이 사라지고 그 자리에 감정을 더 많이 담고 있는gefühlshaltigeren 개념들인 '연맹Bund'과 '협회Verein'가 들어서면서 표출되었다.[60]

계몽화된 '단체Gesellschaft'의 의미론이 언제나 권리와 의무의 타산적 교환이라는 계약적 관념에 각인되어 있었다면, 이제 인간 교육은 사회화Vergesellschaftung의 본질적 특징으로서 전면에 서게 되었다. 프리드리히 슐레겔Friedrich Schlegel은 계몽주의 단체들에 반대했는데, 그 이유는 "문학 협회들, 학회들과 연구소들"이 "내면적 교육에 필요한 무한한 것에 대한 전망"을 열기 위해 "작은 계기들만 있어도" 지배자처럼 군림했기 때문이다.[61] 실용적인 목적, 사회를 위해 유용한 목적의 자리에 이제는 개인의 비非공리적 자아실현을 위한 권리 주장이 중앙의 자리에 서게 되었다.

협회 개념의 의미론이 이제 시적 언어에서 나온 본질적인 의미 내용들을 수용했다는 점은 이러한 감정화 경향Emotionalisierung과 일치한다. '협회' 개념 안에는 교육의 자발성, 결사 조직원들die Verbundenen의 개인적 독립성, 감정적 친밀함 등이 강조되어 표현되었다. 이처럼 새로운 공동체 욕구는 계몽주의적 열정 구호인 '인류 Menschheit'를 수용할 수 있었는데, 그 대표적인 사례가 실러Schiller 의 《매리 스튜어트》에서 나오는 다음과 같은 표현이다. "영국은 세계가 아니고, 너희들의 의회는 인류 전체의 협회가 아니다."[62]

그러나 협회 개념은 무엇보다도 사회의 가치 규범과 덕의 관념들을 가진 개인들의 감정적 관계들을 연결해주었다. "더욱더 활기찬

협회"에서는 서로 대립되는 감정들이 화해하고, 협회는 "격렬한 열정들의 폭풍"을 잠재운다.[63] 나중에 학생조합들Burschenschaften의 정치적-감상적感傷的인 시詩들은 '협회'와 '연맹'의 속성들 안에서 정치적으로 변하게 된 우정의 내용들을 다음과 같이 표현했다. "진심 어린 협회, 강력하고 화려한 협회, 친밀한 협회"는 정치적 목적을 위한, "자유의 축제협회der Freiheit Festverein"를 위한 내면성의 힘을 활성화한다.[64] 이러한 열정의 공동체, 신념의 공동체는 단지 정적으로 규범화된 공동체의 삶 안에서 그들 관심사 중 하나의 견고하게 경계지어진 부분만을 느끼는, 개인의 형식화된 단체가 갖는 의미 내용보다 우위에 선다. "영원한 협회"[65]라는 구호에서는 바로 이 시적-정열적인 언어가 지속성에 대한 희망을 강조하고 있다.

혼자 지내는 것과 단체 결성 사이의 이러한 양극화, 세계 연관과 나의 연관 사이의 상호작용은 하나의 구조 원리로서 신인문주의적으로 개혁을 추구하는 대학 안으로 깊숙이 파고들었다. 개인의 역량을 펼치는 것에 대한 증대된 권리 주장은 학문 조직과 교육 조직에서 실용적으로 적용되어 나갔다. 새로운 대학의 "학술적 협회"는 "모든 학문의" 필연적인 "내적 통일"을 체현했고, "모든 활동 영역에서 매우 다양한 종류의 소식들을 보고하거나 공동체 형성"을 가능하게 했으며, 결국 국가에 맞선 학문의 불가피한 "저항"뿐만 아니라 동시에 "…… 국가로부터 보호와 혜택"을 받고자 하는 "욕구"도 제도화했다.[66]

2. 도덕회Tugendbund를 둘러싼 논쟁과 독일의 초기 자유주의의 자기이해

1806년부터 시작된 민족주의 운동의 소용돌이 속에서 협회 개념 안에는 이제 감정이 강조된 결합이 정치 질서의 영역으로 전이되었고, 민족주의 감정으로서 자발적인 단체 형성의 효소를 만들어 냈다. 한편으로는 시詩에서 나오고, 다른 한편으로는 법률 용어와 이론 용어로부터 나온 의미 영역들의 혼합은 곧 내면성과 도덕성에 기초한 소규모의 공동체가 사회적·정치적 행동 주체로서 공식적으로 인정받기 위한 권리를 주장했음을 보여준다. 이러한 해방의 과정은 국가 정부의 자기 개혁과 밀접한 연관관계에 서 있었는데, 왜냐하면 국가 안에서는 정치적으로 참여적인 그리고 개혁을 원하는 교육계층이 절대주의적으로 통치되던 국가가 고정해놓았던 내부와 외부의 차이, 즉 이쪽의 내면성 또는 감정과 저쪽의 정치적 질서 사이의 차이를 지양할 것을 요구했기 때문이다.

국가에 충성하는 그리고 국가에 가까운 시민들의 새로운 종류의 행동 준비태세를 보여주었던 대표적인 사례가 소위 (1808년 4월 쾨니히스베르크에서 창립된) "도덕회"*다. 이 단체는 자신에게 "도덕적-학문적 협회라는 명칭"을[67] 부여했고, 정관 안에 협회의 목적으로 무엇보다도 다음과 같은 것들을 명시했다. "애국심을 고취하

* [옮긴이] 1808년부터 1816년까지 존속했던 독일 대학생들의 정치적 비밀결사 단체다.

고 증대시킬 것, …… 국가의 불행을 개별적 사안별로 인지할 것, 그 불행을 축소시키고 궁극적으로 제거하기 위한 방안을 제안하며 그 일을 수행하는 데 적극적으로 참여할 것" 등이다.[68] 이러한 참여 요구는 프로이센의 보수주의가 등장하는 데 초석이 되었고, 헌법적·이념정치적 규정의 계기가 되었다. 보수적 국가주의를 위해 "국가의 규정Massregeln 자체는 결코 하나의 사적 결사의 대상" 이 될 수 없었다.[69] '정치협회politischer Verein'라는 용어가 전적으로 국가에 충성하던 개혁 공무원들의 한 회합을 겨냥해 프로이센 왕국의 국가자문위원회Staatsrat 위원이었던 슈말츠Schmalz에 의해 작성된 밀고 문서의 부제副題로 처음 등장했다는 점, 그리고 그 용어가 이 개혁 공무원들에 의해 결코 채택되지 못하고 오히려 거부되었다는 점은 독일의 시민적 해방운동의 역사에서 매우 특기할 만한 일이다. 바르톨트 게오르크 니부어Barthold Georg Niebuhr는 이 사안에 대한 자신의 답변서에서 '정당Parthei'과 '분파Sekte'와 '단체Gesellschaft'를 개념적으로 구분했다. 그에 따르면, "정치적 분파"란 그저 책임 있는 위치에 있을, 그리고 책임 있는 활동을 할 가능성이 없는 사람들의 단순히 비공식적인 이익단체이자 이념단체에 불과하다는 것이다.[70] 그 맞은편에 "정당"이 있는데, 그곳에서는 정치적으로 관여된 공직자들이 조직화되지 않은 하나의 정치적인 신념 공동체를 형성한다. 니부어는 그러한 정당들을 긍정했지만, 후기 절대왕정 국가 안에서 정당의 모순적 상황에 대해서는 어떠한 해결책도 제시하지 않았다. 즉 "주권이 분할되지 않고 온전히 왕정에게만 속해 있는 국가 안에서" 하나의 "정당"이라는 것은 "이성적으로 전혀" 있을 수 "없다"는 것이다. 그것은 "그렇게 정확히 수용"되어서는 안 된다는 것이다. "정당은 …… 삶과 자유가 있는, 바로 그런 국가에서만 성립해야 한다."[71] 니부어가 어쩌면 전략적 생각 없이 그었던 결정적인 경계선은 조직으로의, 제도화된 행동 공동체로의 전환이다. 만일 분파 또는 정당으로부터 "하나의 정치적 단체 또는 결사Verbindung"가 등장했다면, 이것은 "어떤 전혀 다른 것의 시작", "신민이 주권적 권력과 맺는 관계의 결정적 손상"을 향한 최초 발걸음의 시작이라는 것이다.[72] 그러한 결사들은 아무리 이들이 개헌을 목표로 모인 것은 아니었다 할지라도 그 자체로 현존하는 국가체제의 그리고 단 하나의 왕정적 주권의 손상을 의미했다.

3. 민족-민주주의적 (청년)운동(Jugend-)Bewegung의 협회들

슈말츠에 의해 정치 언어 안에 도입된 '정치협회'라는 개념은 청년들을 결속시키는 성격을 갖는 민족적-정치적 협회를 지칭하기도 했다. 민족 해방운동과 왕정복고 사이의 전환기 상황에서 민족의 적에 대항해 국가를 자신과 동일시하던 일은 이제 관료적 왕정 안에서 정치적 참여에 대한 권리를 주장하는 일로, 그리고 개별 영방국가들의 주권을 부정하는 일로 바뀌었다. 얀Jahn과 프리젠

Friesen이 1810년에 창립한 민족정치적 후원협회를 위해 선택한 "독일연방Deutscher Bund"이라는 명칭[73]은 절대왕정의 제도적 틀 바깥에서 사회적 자체조직의 도움을 받아 자신을 민족 전체에 자발적으로 강력히 편입시키고자 하는 회원들의 의지를 표현한다. "하나의 비밀 협회"는 프랑스 점령 세력으로부터 자신을 보호한다는 이유뿐만 아니라, 회원들이 자신을 "서약 동지Eidgenossen"라고 부르는 것이 하나의 공화국에 대한 신조를 표현했기 때문에라도 연방Bund으로 남아 있어야 했다.[74] "시민사회의 모든 계층" 출신으로서 "체조를 준비하는 사람들Turnfertigsten과 보편적 교양인 Allgemeingebildetsten"에 의해 결성되고 1812년에 창립된 "체조예술가—협회Turnkünstler-Verein"의 강령 또한 민주적이었다.[75] 하나의 —상류계층에 대해 경계가 설정된—계층 융합의 계몽주의적 동력은 이 협회의 민족적-민주적 목표 설정 안에서 정치적 의도의 평등으로 변환되었다. 이러한 평등의 신조는 1814년 에른스트 모리츠 아른트Ernst Moritz Arndt가 만든 "독일회 창립 구상Entwurf einer teutschen Gesellschaft"의 근저에도 놓여 있었는데, 그 구상 안에는 민족적 정체성과 민족 이전以前과 민족 바깥의 요소에 관심을 갖고 힘쓰는 일이 협회의 본질적 내용으로 승화되어 있었다. 그에 따르면, 독일에는 "이미 그 이름에서부터 거의 모두가 낯선 명칭과 목적을 나타내는 수많은 결사들과 단체들 ……, 공식적이거나 비밀스러운 …… 프리메이슨 단원들, 계명결사단원들, 황금십자단원들, 자코뱅 클럽 회원들Klubbisten, 의회주의자들Assembleisten,

재생주의자들Ressurzisten, 뮤즈주의자들Museisten, 카시닌주의자들 Kassinisten"이 있다는 것이다. 그에 반해 아른트는 "조국을 위한 하나의 결사, 즉 종교와 정부를 떠나 모든 독일인을 위한 …… 하나의 독일회를 창립"하고자 했다.[76]

아른트의 이러한 "구상"의 계기들은 얀의 민족적-민주적 협회 설립으로부터 나온, 신인문주의적 교육운동으로부터 나온, 그리고 감상적이고 낭만적인 친목 문화로부터 나온 동력들과 합쳐져 독일 학생조합들Burschenschaften의 청년운동 쪽으로 흘러갔다. 이들의 조직 개념은 '연맹Bund'이자 '협회Verein'인데, 다소 중의법적으로 사용되었다. 이를 통해 하나의 확신과 기대를 나타내는 개념[77]으로서 연맹 개념의 특성들이 협회 개념으로 이전되었다. "튜토니아Teutonia"(하이델베르크 1814년)나 "게르마니아Germania"(기센 1815년)와 같은 모임의 새로운 명칭들은 민족과 연관되어 있음을 증명해준다. 만일 당국의 금지 명령에 대한 위협을 이유로 새로운 이름들을 포기해야 했다면, 가령 기센 학생조합의 보완 명칭이었던 "독일 교육과 친목 협회Deutscher Bildungs— und Freundschaftsverein"처럼 민족이 다시 등장했다.[78] 분명하게 규정된 실제적 목적들을 위해 특징적이었던, 그리고 법률 용어로부터 나온 자신의 기원을 결코 없애지 않았던 단체Gesellschaft라는 개념의 함의들에 대해 경계를 설정하면서, 당시의 정치적 청년운동은 자신들의 동기와 욕구를, "인간의 가장 내면적인 본성"에 근거를 두고 인간의 개별화를 지양하는 데 기여할 "공동체Gemeinschaft"라는 개념 안에 담아냈다.[79] 공동체에 대한 강조의 맞은편에는 단지 스스로 설정한 더 많은 규범을 수용하려는 윤리적 신념의 회복이 서 있었다. 그 때문에 카를 폴렌Karl Follen에게 학생조합은 오직 "국내의 법과 법정 앞에서만 정당화"되어야 했던, "하나의 열성적인 무적無敵 신념의 연맹"을 뜻했다.[80] 그에 따라 연맹 안에는 자신들의 정치적 의견과 의지를 형성하는 마지막 심급으로서 오직 개인적 신념만을 인정했던 사람들만 모여들었다. 이를 통해 학생조합들은 관헌 당국의 눈에 "학문적 목적을 내세우면서 자신들의 거대한 반란 의도의 외피를 숨기고 있는", 그리고 독일의 바깥에서 "혁명적인 자코뱅 클럽들"을 가지고 하나의 통일적인 전복 조직을 건설한, "거의 독일 전역에 흩어져 있는 수많은 작은 협회들"로 보였다.[81]

국가공동체와 민족국가

CHAPTER IV

Staatengemeinschaft und Nationalstaat

IV. 국가공동체와 민족국가

1. "영구 평화"라는 유토피아

● ● ●　　　유럽의 절대주의 국가체제로부터 19세기 유럽
적 민족국가 질서로 넘어가는 과정에서 경쟁적 세력들의 다양성
을 전제주의적 중앙집권화 없이 하나의 조화로운 통일로 집결시
키려는 다양한 기획들의 관점에서 보면, '협회'라는 개념은 점점
더 많은 성공을 거두어나갔다. 이처럼 국법Staatsrecht이 국제법
Völkerrecht으로 연장되는 데서 제3의 비교das tertium comparationis
[공통의 근거]가 되는 것은 협회 개념이 보유하고 있는 의미 내용
안에서 발견될 수 있는데, 그 의미 내용이란 개별 회원들이 무엇
을 결정할 때의 자발성, 그들의 독립성, 그리고 그들 계층의 동등
성 등을 말한다. 협회 개념은 먼저 '연맹' 옆을 치고 들어왔다. 이
로써 협회 개념은 '연맹'에 딸려 있던 기독교적 보편성universitas
christiana의 함의들이 약화되었음을, 그래서 결국 이 연맹 개념이

국가 간의 관계 차원에서 '협회'와 같이 순전히 세속적인 개념으로 바뀔 수 있었음을 나타냈다.[82]

"영구 평화"의 가능성에 대한 칸트의 성찰 안에서는 자기 결정력이 있는 개인들이 하나의 보편적으로 통용되는 법질서에 자발적으로 결합한다는 자연법적 기본사상이 국법과 국제법의 유사성을 보여주기 위한 기본 토대를 형성했다. 개별적 인간이 민족과 마찬가지로 자연상태를 극복해야만 한다는 것이다. 오직 그랬을 때에만 "(하나의 민족이 국가가 되는 방식과 유사하게) 하나의 일반적인 국가연합Staatenverein에서 법이 유효한 것으로" 간주될 수 있"고, 진정한 평화상태"가 등장할 수 있다는 것이다.[83] 아무리 현실적이지는 않았다 하더라도, 그러한 "연방적 협회föderativer Verein"가 바로 "정치와 도덕의 일치"를 생각할 수 있도록 만들었다.[84] 자연법에서 발전했고 권력국가에 대해 비판적이었던, 하나의 동등한 권리를 갖는 민족들의 연맹이라는 이러한 기획의 맞은편에서는 낭만주의 시대에 하나의 기독교적인 보편 왕국이라는 왕정복고적인 관념이 등장했다. 프리드리히 슐레겔에 따르면, 칸트에 의해 제안된 "민족협회Völkerverein"는 민족 간의 "공화주의적 관계"를 전제로 할 것이고, 그러면 "내전의 씨앗"을 잉태할 것이다.[85] 슐레겔은 "이상적인 민족협회의 결핍"을 대신하는 것으로 "…… 황제국과 계층질서"를 내세웠다.[86] 또 슐레겔은 고유한 행동에 대한 개인의 또는 국가의 도덕성 요구가 가져올 끔찍한 테러 정치적 결과들을 피해가기 위해서, 권력 행사를 위한 정당성의 토대를 사회계약과 개인적 결정으로부터 기독교적으로 정립된 정태적인 지배질서로 옮겼다.[87] 물론 그는 민족들 또는 국가들의 명백한 독립성에 대한 권리 주장을 승인하지 않을 수 없었다. 이를 위해 그는—절대적인 총체성에 대한 권리를 주장하지 않는—하나의 왕정적 민족협회 개념을 만들어냈다.[88]

2. 구 제국에서 독일연방Deutscher Bund으로: '국가연합Staatenverein'

칸트와 슐레겔에게 협회 개념은 기독교적 보편성이 붕괴하는 과정에서 하나의 세계적 국가 질서에 대해 숙고하는 것을 의미했다. 구 제국의 해체 이후 유럽 국가체제의 새로운 실제적 질서 차원에서 보았을 때, 협회 개념은 독일 국가 세계의 다양성과 통일성 사이의 균형을 헌법적으로 고정시켜주는 데 기여했다. 빌헬름 폰 훔볼트Wilhelm von Humboldt는 1813년에 "정치 전체를 위한 두 개의 교육수단"을 구분했는데, "하나는 현실적 헌법Verfassung이었고 다른 하나는 단순한 협회Verein"였다.[89] 그는 그 자체로 더 바람직한 것에 맞서 "더 작은 것에, 하나의 단순한 국가연합에, 하나의 연방에" 만족했다.[90] 그는 이 구상을 직접 구 제국의 전통에 연결했고, 이 전통을 다시 하나의 통일적인 독일 문화민족의 영방문화적 다양성에 대한 새로운 민족정치적 논거에 연계시켰다. 그에 따르면,

"개인들과 마찬가지로 민족들도 역시 그 어떠한 정치에 의해서도 변하지 않을, 그들 자신의 방향성"을 가져야 한다는 것이다. "독일의 방향은 하나의 국가연합Staatenverein이어야 한다."[91] 슈타인 남작Freiherr vom Stein도 이러한 태도를 견지했다. 그에 따르면, 비록 하나의 "강력한 헌법"을 만드는 것이 "독일 민족의 바람에" 가장 적절할지 몰라도, "행동하는 사람들의 개별성"과 "연합된 국가들의 관계"가 그 강력한 헌법에는 방해가 될 것이고, 따라서 사람들은 "더 쉽게 도달할 수 있는 것", 즉 하나의 "국가연합"에 만족해야 한다는 것이다.[92]

연맹국가Bundesstaat 또는 국가연방Staatenbund을 둘러싼 논쟁 속에서 국가연합이라는 용어는 수많은 개별 국가들의 헌법적 현 질서의 토대 위에서 하나의 느슨한 연방적 모임을 표현하는 데 점점 더 많이 기여했다. 독일연방은 1820년 5월 15일의 비인회의 최종 협약문의 외교 관계 부분에서 자신을, 다양성을 통한 개별 국가들의 역내적 관계에서의 통일Einheit로 정의했다. "독일연방은 이 연방 안에 묶인 자신들의 국가적 독립과 불가침의 수호를 위해 결성된 독일의 주권적 제후국들과 자유도시들의 국제법적 협회ein völkerrechtlicher Verein다. …… 이 협회는 내부적으로는 상호간 동등한 계약 체결권을 갖는, 자립적이고 그들 사이에서 독립적인 국가들의 공동체로서, …… 그 자신의 외교 관계에서 정치적으로 통일된 하나의 전체 권력으로서 존속한다."[93]

1848년 3월혁명 이전에 연방헌법을 둘러싼 해석 논쟁에서 야권의 자유주의 국가이론은 연방법들을 강력히 연맹국가적 기본법ein bundesstaatliches Grundgesetz 방향으로 해석하고자 했다. 이 자유주의 국가이론은 연방Bund을 "진정으로 국법적인 민족협회wahrfaft staatsrechtlichen Nationalverein"로 명명했으며, 바로 이로부터 전체 민족적 헌법과 국민 대의기관Nationalrepräsentation에 대한 권리 주장의 논거를 도출해냈다.[94] 법률용어인 '협회'와 기대개념인 '민족'의 조합은 그동안 만들어져온 법의 혁명적 폐지를 지향하는 것이 아니라, 그동안 역사적으로 형성되어온 개별 국가들의 토대 위에서 민족적인 통일을 지향했다. 독일연방이 3월혁명 이전에 빠진 위기 속에서 연방에 대한 라도비츠Radowitz의 프로이센적-국가주의적 묘사도 결국에는 "하나의 순수하게 국제법적 협회라는 교육 개념"을 부정적인 것으로 만들었다. 왜냐하면 이 개념이 "현재의 가장 폭발적인 힘, …… 민족성"을 수용하지 않았기 때문이다.[95]

3. 민족적 경제통일과 세계경제체제

1806년부터 1815년까지 독일 민족의식의 형성 시기에 무엇보다도 시민계급과 국가공무원들이 민족 이념을 표현해왔던 이후에, 나폴레옹 전쟁의 종결과 더불어 그리고 영국과의 산업 경쟁에 대한 압력 속에서 경제 생산과 상업이 다시 살아나기 시작하자, 상업에 종사하고 자산을 보유한 시민들이 민족적 통일에 대한 생각을 강하게 밀고 나가기 시작했다. 프리드리히 리스트Friedrich List는 1819년 "독일 상공인 협회Verein deutscher Kuafleute und Fabrikanten"를 창립했다.[96] 상업정책의 용어 속에서 협회 개념의 전문화는 결코 민족적 통일의 바람을 포기하는 것을 의미하지 않았다. 프로이센 관세 정책의 주창자였던 모츠Motz의 눈에는 적어도 1829년에 "정치적 통일"에 대한 전망이 "프로이센-헤센의 그리고 바이에른-뷔르템베르크의 관세와 상사"의 "상업적" 통일의 "불가피한 결과"로서 만들어진 것으로 보였다.[97] 1829년 프로이센과 남부 독일 사이에 맺어진 통상계약으로 만들어진 통일을 기반으로 해서 1833년에 "독일 관세동맹Deutscher Zollverein"이라는 이름으로 통용되던 "전체협회Gesamtverein"가 등장했다.[98] 자유주의적 야권은 "관세동맹"이라는 용어를 자기들 것으로 만들었고, 그 용어에 민족적 통일 정책의 기대 내용을 장착시켰다. 프리드리히 리스트가 보기에 "관세동맹의 이념" 안에는 이제 전체 민족의 "자기보존을 위한 본능과도 같은 감정"과 "충동"이 함께 모이게 되었다.[99] 이제 막 등장하는 민족-자유주의적 입장에서 보면, 1847년 가을 헤펜하임Heppenheim 집회의 정치적 강령 안에서 민족국가적 통일은 이루어질 수 있을 것처럼 보였다. 적어도 "관세동맹"이, "…… 독일 공통의 이해관계를 묶어주는 유일한 연결점"이 하나의 국민의회를 갖는 "독일협회"로 계속 발전해나간다면 말이다.[100] 만일 "관세동맹"과 "독일협회"가 서로 호환될 수 있다는 사실 자체가 이미 독일의 국가적 통일을 위해 하나의 민족 시장이 매우 중요하다는 점을 지시하는 것이라면, "구매적 세계협회erwerblicher Weltverein"
라는 단어를 창조해낸 자유무역 이론은 거꾸로 이제 막 등장하는
세계 경제의 순환체계 안에서 자신을 산업화시켜나가는 민족경제
들의 상호의존성을 설명해주었다.[101]

입헌국가와
시민사회에서의
자발적 모임

Die freiwillige Vereinigung im Verfassungsstaat und in der bürgerlichen Gesellschaft
V. 입헌국가와 시민사회에서의 자발적 모임

1. 3월혁명 이전 시기의 자발적 단체와 정치체제

a—사전辭典의 관점: 시민사회의 구조 원리로서
'연합Assoziation'과 '협회Verein'

●●●   1830년대 중반부터는 협회 개념의 옆자리에 그 것과 거의 동일한 뜻을 갖는 '연합'이라는 개념이 새로운 정치적- 사회적 논의의 감성 문구로 통용되기 시작했다. 이 개념은 결국 1848년까지 모든 자발적 사회화의 형식을 표현할 수 있었다. 심지 어 법인Korporation이라는 전통적인 강제적 결사와의 차별화도 유 동적이었다. 신분적 생활 모습의 결속성이 약화된 곳이라면 어디 서나 협회 또는 연합이 그 자리에 들어왔다.[102] 1830년대 중반 이 래로 이제 막 등장하던 시민사회가 왜—'협회'보다도 더 강력한 —'연합'을 자신의 핵심 개념으로 만들었는지의 이유는 사전들

Lexika의 소통 차원에서 가장 잘 밝혀진다.

근대 초의 사전들은 '협회'라는 항목에 오직 제국법적 의미만을 제시했다. '연합'으로 명명되었던 것은 일반적으로 "공동단체 Mitgesellschaft, 동호회Zugesellung", 그렇지만 특별히는—그리고 더 선호되기로는—"무역단체Handelsgesellschaft"였다.[103] 1780년대부터는 사유思惟의 비자의적 연결을 뜻하는 용어로 "이상적 연합 associatio idearum"이라는 철학적인 예술 표현이 옆자리를 치고 들어왔다.[104] 연합이라는 개념에 새로운 내용이 채워지고 중요해지게 된 계기는 의심의 여지 없이 영국과 프랑스에서 더 진보적인 이론의 발전에서 나왔다. 이러한 이론의 발전은 19세기 시작 시점까지 'society' 또는 'société'라는 개념에 의해 뒷받침되었다. 이 개념은 가족, 친구, 이웃을 넘어서면서 "더 큰 공동체들과 공화국들 larger communities and commonwealths"에게 공간을 마련해주는 단체들을 결성하고자 하는 욕구를 명명한 것이었다. 여기서는 "단체들 societies"이 시민적 진보를 이끌어나가야 한다는 것이다. "우리 본성의 더 웅대한 힘들이 최고의 향상을, 그리고 그 힘들이 할 수 있는 한 완벽함을 이룰 수 있는 것은 오직 이 단체들 안에서다."[105] 1830년까지는 영국에서뿐 아니라 프랑스에서도 연합 개념이 완전히 독립적으로 쓰이게 되었다. 일반적인 언어 사용에서 이제 연합은 "선한 것이든 악한 것이든 특별한 목적들을 위한 단체Union"로서 "동맹confederacy"처럼 "모든 인간이 단체생활 안으로 들어가고자 하는 자연스러운 성향"을 의미하게 되었다.[106] 1833년 프랑

스의 《세계인의 백과사전Encyclopédie des gens du monde》은 신 증보판
에서 'association'에 대한 하나의 확대된, 그러면서도 상세하고 포
괄적인 의미 영역을 펼쳐 보였다. 이 사전은 다양한 이해관계에
따른 협회의 분열 현상을 요약해 설명하고 있고, '연합association',
'연대solidarité', '참여participation' 등의 구조적 특징들을 점증하는
노동분업과 무역의 연장에 대한 대답으로 해석하고 있으며, 당연
히 정치적 협회의 정당성과 함축성으로부터 출발하고 있다.[107] 이
내용들은 1833년부터 독일 백과사전들의 연합 개념 안에서도 발
견된다.

이제는 자연지배의 새로운 종류의 가능성에 대한 의식이 중심
에 서게 되었다. 개별적 존재로서 인간은 "자신의 능력을 발전시
키는 데서 그리고 자신의 욕구를 충족시키는 데서 가장 약하고 가
장 의지할 데 없는 피조물"이다. "…… 그렇지만 인간의 협회들
Vereine은 공통의 목적에 도달하기 위해 그들의 능력을 결집시키
면서 자신을 지상의 가장 강력한 주인들로, 그리고 자연에 대한
하나의 상승적 지배자로 승화시킨다."[108] 신분제적-봉건적 세계
가 해체되고, 토지가 유동 자산이 되며, "정신적 자원의 소유와 획
득"을 기반으로 한 "특정 계급의 독점"이 소멸되고, 삶의 모든 영
역에서 "자유 경쟁의 원리"가 통용되기 시작하면서, 인간 활동의
모든 분야에서 "자유로운 연합들"이 확장될 수 있게 되었다.[109] 무
역단체Handelsgesellschaft의 옛 의미는 사라지지 않았다. 오히려 자
본축적과 노동분업을 통한 수익의 증가를 목적으로 한 단체의 결

성Vergesellschaftung은 전근대적인 경제체제의 몇몇 특수한 사례였던 것이 이제는 아예 사회의 구조 원리로까지 확장되었다. 시민사회는 이제 경제적인 이익사회이자 경쟁사회로, 교육사회로, 그리고 자신을 결정하는 규범체계로 묘사되었다. 즉 연합은 처음에는 "새로운 형식"의 "모든 물질적 재화의 획득과 판매"를 가능하게 하고, 그 다음에는 "모든 지식 분야에서의 진리의 공동 연구"를 가능하게 하며, 마지막으로는 선교단체들, 금주협회들, 범죄자 재활 협회 등이 갖고 있는 "연합의 정신"이 "종교적이고 도덕적인 삶"과 조화를 이룬다는 것이다.[110] 시민적 영리단체와 경쟁단체에 상응하는 동호회 형식으로서 연합은 자연에 종속되어 있던 인간들을 해방시켜주고, 거의 무제한적인 자아실현이 가능하도록 해준다.

1843년부터 백과사전들은 초기 사회주의 사상들을 수용하고 "일정한"―그중에서도 특히 오언과 생시몽 그리고 푸리에의 것과 같은―"대부분 급진적인 국민경제적 사상 체계들" 안에서의 "연합"을 "근거가 확실한 하나의 욕구의 인정"으로 평가하게 된다. 또 백과사전들은 영국 노동조합 발전의 경험을 토대로 "공장주에 대항한 노동자 연합들"의 등장을 기록하면서 이 연합들을 "전체 사회를 위해 …… 위험한 것"으로 평가하고, 그렇지만 시민적-사회개혁적 시각에서 노동조합적 협회들을 그저 단순히 억압할 것이 아니라 "원인들을 제거함"으로써 그러한 협회들의 등장을 예방할 것을 요청했다.[111] 1848년 이후에 백과사전들은 연합적 결사들의 다변화와 합법화 경향을 반영하고 있는데, 이때 정치적-사회적 해방을 주도하는 개념으로서 '연합'에 대한 관용은 사라졌다. 1851년판 브록하우스는 "계속 이어지는 매우 느슨한" 단어 사용을 비판하면서, "국제법적 관계"에서는 "동맹Allianz, 연정Koalition, 국가연합Föderation, 연맹Bündnis"을, "국내의 생활 영역"에서는 "정치협회politischer Verein"를, "학문"을 위해서는 "조합들Sozietäten과 지식협회들gelehrte Vereine ……"을 각각 구분하고 있다. 1848년 이전에 용어 사용을 주도했고 전적으로 긍정적인 의미로 존중받았던 "연합"은 "사회주의 사상 영역 안에서" 이제 실행 불가능성의 관점에 입각해 겨우 간신히 언급되거나 비판적으로 비난받았다.[112] 결국 여기서 연합Association이 1864년 광범위한 중산계층적-수공업적·경제적 자립협회 운동Selbsthilfevereinsbewegung이 전개되는 과정에서 펼쳐진 협동조합Genossenschaft으로 대체되고 있음이 이미 암시되고 있다.[113] 드디어 1875년부터는 그러한 단체들의 다변화와 합법화 과정이 광범위하게 종결되면서 다양한 연합의 유형들이 '협회 제도Vereinswesen'라는 집합개념 속으로 소멸되기 시작했다. 이때 '협동조합'이 '연합'에 맞서 최종적으로 독립적 지위를 얻었다.[114]

'연합'의 의미에 맞서 '협회'라는 표제어는 이미 일찍이 "정치협회" 차원에서 전문화되었다. '협회'가 애초에 갖고 있던 법인적-신분적 연맹Verband과 유사한 의미들은 1835년 이후로 사라졌다. 1848년 3월혁명 이전 시기에 독일연방의 협정과 개별 국가의 입법에 의식적으로 대항한 기본 확신은 "정치적 경향이 하나의 협회를 …… 그 자체만으로 아직은 처벌할 수 없도록" 만들었다는 점이다.[115] 1848/49년 이후 '정치협회'의 의미론은 긍정적인 의미를 갖는 "정당politische Partei" 개념에 가까이 다가갔다.[116] 이 정당 개념은 물론 아직까지 근대적인 의회정당 체계를 전제로 하지는 않았고, 오히려 정치협회와 정당의 활동을 3월혁명 이전 시기의 초기 입헌적 의미에서 개별 입법 계획에 제한시키길 원했다. 1870년대 말경에 이르러서야 비로소 백과사전은 자신의 언어 사용에서 "견실한 …… 그 자신의 목적을, 민족 내에서의 그 추종자들을, 그리고 그 자신의 지속성을 기준으로 측정하고 측량할 수 있는 정당들"을 위한 정치적 연맹 형성이 견고해지는 현상을 받아들였다.[117] 이로써 '정치협회'라는 표제어와 투쟁 개념은 사라졌다. 이 개념은 1880년대부터 한편으로는 그 사이에 견고해진 새로운 선도 개념인 '정당'이, 다른 한편으로는 정치적으로 무관한 집합 개념인 '협회 제도'가 흡수해버렸다.[118]

b—자유주의 이론에서 '협회'로서의 국가

협회 개념은 그 자신의 독특한 현대적 의미 안에서 제국법적 언어 사용을 계속 이어가지도 못했고, 혁명적 함의들을 통해 오명을 뒤집어쓴 '클럽'이나 '단체'와 같은 용어들을 대신하는 대체개념의 역할도 수행하지 못했다. 새로운 의미론은 하나의 새로운 이론적 연관관계를 개념적으로 기록해야 했던 국가이론과 사회이론의 결핍 부분에서 나왔다. '협회'는—'단체'처럼—법적으로 동등한 개인들의 자발적 결합으로 명명될 수 있었다. 그렇지만 협회에서의 그 결합은—'단체'와 달리—하나의 비역사적인 사회계약의 체결로 소멸되지 않는다. 따라서 협회 개념은 계몽주의적-절대주의적 자연법 이론이 초기 자유주의 이론으로 넘어가는 과정에서 다음과 같은 두 개의 의미 요소들을 갖게 되었다. 1) 협회 개념은 구유럽적 시민사회에서 근대 국가적 시민사회로의 전환을 반영했다.[119] '시민협회bürgerlicher Verein'와 '국가연합Staatsverein'은 그 자신의 이론적 연관관계에서 국가 시민사회라는 함의를 갖고서 전통적이고 잘 서열화된 시민사회의 사회질서와 지배질서에 맞서는 반대 개념들이다. 하나의 통일적인 시민권과 궁극적으로는 국가 시민적 권리에 대한 관념은 신조어인 이 '시민협회' 안에서 그 자신의 이름을 발견했다. 그렇지만 이 관념은 사회적으로 "전체 가구ganzes Haus"라는 구유럽적 질서 단위에 묶여 있었으며, 이와 함께 하나의 법적으로 동등한 가장들Hausväter의 단체라는 구상을 묘사했다.[120] 2) '협회'는 '단체'에 맞서서 스스로 결사 조직을 만드는 행위 자체를 명사화하고자 하는 욕구를, 더불어 그 자체로 이미 함께 살아가기라는 표준적 원리를 실현하는, 선구적 길을 명명하고자 하는 욕구를 표현했다. 이론적 언어에서 '시민협회'가 더 많이 통용되면 될수록, 하나의 비역사적이고 고정된 사회계약과 지배계약의 자연법적-절대주의적 구조물은 더 많이 후퇴했다. 협회 개념은 사회화와 국가 형성의 과정을 역사화했으며, 국가적 권력 행사의 토대인 법적으로 동등한 개인들의 자발적 약속이라는 기본 형상을 취했다. 협회 개념이 발전해온 주도적 선을 따라가다 보면, 어떻게 자유주의 정치이론이 공간과 시간을 초월해 통용되는 이성을 대신해 역사 발전의 이성을 사회와 국가 체제의 정통성 원리로 승화시켰는지 쉽게 추적된다.

아우구스트 루트비히 슐뢰처August Ludwig Schlözer는 1793년 독일의 초기 자유주의 이론의 역사에 대한 중요한 선구적 작업에서 협회라는 새로운 선도 개념의 의미를 개괄적으로 묘사했다. 그는 "시민사회"를, "사회계약"을 통해서 나온 하나의 "자유로운 가장들의 …… 협회"로, 즉 "…… 예전처럼" 각 개인의 "독립, 자유, 평등"이 유보된 "모든 개인들의 장점들의 총합"으로 정의했다. 시민사회는 일종의 "가족협회Familien Verein"로 등장한다.[121] 그러나 이론적 통찰과 실제적 경험은 그것을 넘어서 정치적 지배계약의 체결을, "지배자와 정부와 최상위의 권력과 주권"에 대한 복종을 요구하는 "인간협회Menschen Verein"로서 국가로의 전환을 강요한다.[122] 독보적인 통치권을 갖는 시민사회의 시민들은 하나의 통일적 국가권력에 맞서는 존재인 신민으로서의 인간으로 발전해간다. "이 협회의 목적"은 분명 "지배자의 행복"이 아니라 "모든 사람의 행복이다."[123] 프리드리히 크리스토프 달만Friedrich Christoph Dahlmann은 1815년 정치적-사회적 질서 일반을 위한 집합개념으로서 "사회적 협회gesellschaftlicher Verein"라는 용어를 사용했다. 그는 하나의 신분적 협의라는 예전 단어의 의미를 프랑스혁명 이후의 자유주의 민족 사상과 연결시켰다. 즉 "······ 하나의 지속적인 조국 협회의 토대"로서 요청된 국민의 대의제 헌법은 과거의 독일 제국 협정과의 역사적 연관관계를 완전히 배제해서는 안 된다는 것이다.[124] 그에 따라 협회로서의 국가 안에서는 하나의 공통의 역사에 의해 각인된, 그리고 그 공통의 역사로부터 역사적-정치적 자기이해와 통일의식을 획득한 전체 인간들이 서로 연합하게 된다.

"유기체적 자유주의" 안에서의 '협회'로서 '국가' 개념은 구 신분제적 보수주의에 대해서뿐 아니라 비역사적-국가주의적 지배 정당성에 대해서도 대립 개념의 역할을 수행했다. 자연법적 계약 모델에서와는 달리 협동적 삶의 형식들은 결코 사회계약과 지배 계약의 체결로써 결정적으로 고정되거나 정당화되는 것이 아니었다. 그리고 '협회'로서 '국가' 개념은 소위 불변하는 자연질서와 창조질서로부터 국가가 나왔다는 주장을 보수적으로 비판하는 것에 반대하면서, 자연 안에 장착된 자연적인 것의 문화적 전개 가능성에 핵심적 지위를 부여해주었고, 모든 종류의 연맹들의 형성을, 개인들 사이의 갈등을 점점 더 세분화시켜서 해결하고자 하는 인간 의지의 결과물로 해석하도록 허용했다. 그러한 "국가의 자연사自然史" 안에서 '국가'는 이제 "권리를 규정한 법들 아래서 자연스럽게 함께 소속된 인간들, 그리고 이러한 공동의 소속을 의식하는 인간들이 함께 뒤섞여 인류의 모든 목적을 추구하기 위해 모인 협회"로 정의되었다.[125] 국가를 협회로 간주하는 이 생각은 자유주의 사상의 근저에 놓여 있는 개인과 집단 사이의 대립을 염두에 두었고, 동시에 그 대립을 소멸시킬 가능성을 제공해주었다. 즉 "독립적이고 자율적인 개인들의 …… 협력"은 "자유로운 소망과 인정"으로, 그리고 "자유와 자유 안에서의 모든 사람의 운명과 행복"이 실현되도록 만들어주는 "자유로운 평화와 자선(또는 법적인 국가) 협회"로 해석될 수 있었다.[126]

c—결사의 자유에 관한 기본법과 협회의 정치화

협회로서의 국가 관념은 또한 국가 안에서의 자발적인 모임을 위한 권리가 국가 질서의 본질적 구성요소로 승화된다는 것을 의미했다. 협회를 결성할 권리는 3월혁명 이전 시기의 정부에 적대적인 자유주의 이론에서 국가 안의 각 개인이 갖는 양도할 수 없는 권리들의 목록 안에 수용되었는데,[127] 이때 이 시민적 권리들 중 일부는 여전히 경찰학의 사상과 언어 전통 속에서 "신민들의 권리"로 평가되었지만, 일부는 또한—1830년부터 점점 더 확산된 경향 안에서—국가 이전에 확립된 원초적이고 인간적인 권리로 평가되었다. 여기서 "단체를 결성할 자연적 권리"는 "국가 내"에서도 "완전한 효력과 힘"을 지니게 된다.[128] 즉 "결합Einigung의 자유"는 이제—협회가 법인으로서의 지위를 얻기 위해 노력하지 않는 이상—"국가의 특별한 허가가 필요하지" 않고, 또한 그렇다고 해서 "국가에 그 협회의 존재를 굳이 숨기고자 하지" 않는, 다른 "결사 조직들(단체들 또는 법인들)에 참여할" 권리로 요구되었다.[129]

이 권리 주장을 위한 근거로는 지배자의 권리와 신민의 권리 사이의 대립 설정에서 도출한 결사의 자유에 대한 전통적인 논거 외에, 그리고 국가 이전의 인권으로부터 도출한 논거 외에 1830년대가 시작하는 시점부터는 점차 헌법적-정치적 논거도 등장했다. 정치적인 것도 포함한 임의의 목적을 위해 "공적으로 서로 결합할, 그리고 공동의 관심사를 논의하기 위한 회합"을 개최할 권리는 헌법적 국가 제도의 본질로부터 도출되었다.[130] 이에 따라 협회는 시민사회 안에서 현존하는 지식 및 시민들이 행동할 준비 자세를 하나의 국가에 가져다줄 가능성을 뜻했다. 이때 국가는 이러한 시민들의 참여가 필요하고 헌법 제도의 도입을 통해 시민들이 입법 활동에 참여하도록 규정한다. 자유로운 연합의 권리와 협회 차원에서 "국사國事에 종사"할 권리는, 아무리 결사의 자유가 거의 모든 초기 입헌적 헌법들에서처럼 "침묵" 속에서 간과되는 경우라 하더라도, 그 자신을 위해 자유주의적인 야당을 필요로 했다. "사적 권리"의 보장과 초기 입헌적 "국가시민의 권리"에 대한 보증은 당연히 결사의 자유를 가져왔다. "하나의 협회가 정치에 몰두하는 것"은 "적극적인 정치적 삶"을 위한 징후로, "권리와 의무와 자발적인 작업성과에 대한 시민들의 의견 일치"를 요구할 수단으로 여겨졌다.[131] 자유주의 이론은 이로써 정치적으로 숙련된 협회 제도의 장점들의 근거를, 국가시민적-교육학적으로 민주주의적 태도 양식을 연습해보는 것에서 그리고 정치적 책임 의식을 진작시키는 것에서 찾았다. 그와 함께 자유주의 이론은 협회 제도를 간접적으로 의회주의적 태도 양식을 연습하는 것으로도 묘사했다. 1840년대에, 특히 1844년부터 늘 정치적 저널리즘이었던 자유주의 정치 이론은 자신의 관심을 그 이전보다도 더 강력하게 연합의 원리와 협회의 원리에 집중시켰다. 또 자유주의 정치 이론은 3월 혁명 이전 독일 정치 시스템의 특정 조건들하에서 정당 이론의 관점들을 만들어냈다.[132] 벨커Welcker는 시민들의 자유로운 모임을 사회적·법적·정치적 질서의 기본 토대로 격상시켰고, 그러한 모임을 시민적이고 정치적인 자유를 위한 결정적인 준거라고 선언했다.[133] "사적인 협회들과 …… 공적인", 그리고 궁극적으로는 "정치적인 협회들" 사이의 경계가 사라졌는데, 이것은 곧 협회 제도 자체가 전체적으로 하나의 정치적인 연관관계 안으로 들어가게 되었다는 사실의 간접 증거가 된다.[134] 시민들의 정치 참여를 위한 집합용어로서 '연합'은 이제 하나의 "열린 연합"이라는 이름으로, 민중들의 회합 안에서 단기간의 모임까지도 포함시켰다. 자유로운 연합의 권리는 이제 "대의제 헌법의 기본 원칙들과 절대주의 체제의 기본 원칙들" 사이의 "싸움"에서 하나의 척도가 되었다.[135] 연합 개념은 또한 사회적 해체에 따른, 가능한 위협에 맞서서도 자유주의적 미래 모델이라는 안전장치를 마련해주었다. 자유주의자들의 의견에 따르면, 모든 신분을 포괄하는, 계급 중립적인 근대적 협회들은 심지어 "가장 낮은 계급의 가장 미천한 회원들까지 포함한" 모든 이들을 위한 전체 문화적 진보의 전달자로서 "…… 교육시키고, 훈련시키며, 도덕적으로 고귀하게 만드는 힘"

을 발전시켰다는 것이다.[136]

자유주의적 협회 이론은 비록 그 무게중심이 잠재적으로 시민들의 참여에의 권리로 옮겨지면서 왕정적 주권에 대한 초기 입헌적 관념을 은밀히 없애버리기는 했지만, 그 출발점은 여전히 민중과 정부 사이의 조화로운 협력에 기반을 둔 헌법 모델이었다. 그에 반해 민주적 급진주의는 1848년 혁명이 발발하기 직전에 민중의 의지와 군주의 의지가 기본적으로 서로 화해를 원하고 또 서로 화해할 수 있다는 이원론에 대한 관념과 결별했다. 구스타프 폰 슈트루베Gustav von Struve에 따르면, "정부들"과 "협회의 삶"은 서로 화해할 수 없는 적대자로 맞서 있었다. "민중의 욕구들"은 협회의 삶을 통해 제도적이고 전통적인 지배—즉 마지막에는 모든 지배—를 지양하는 것을 목표로 삼았다. 슈트루베가 협회 제도에 부여했던 급진적인 반대의 역할은 '협회'/'정당' 개념의 여러 가지 의미들을 가능하게 했고, 동시에 '정당'을 긍정적인 투쟁 개념으로 높이 평가하는 것을 가능하게 했다. 즉 "정당 제도"가 "협회의 삶"에 대해 갖는 관계는 "마치 전쟁이 평화에 대해 갖는 관계와 같다." "…… 정당의 삶의 학교"로서 "협회의 삶"은 이로써 왕정 정부와의 갈등 조정에서, 그리고 민주주의에서의 자치를 향한 민중의 정치적 교육 과정에서 포기할 수 없는 구성 요건이 되었다.[137]

2. 독일 초기 노동운동에서의 '협회'

a—초기 사회주의적 이념 연관

독일에서는 비교적 뒤늦게 산업화가 시작되었고 입법을 통해 토론과 조직이 방해받다 보니 연합 개념에 대한 사회주의적인 새로운 해석이 상대적으로 뒤늦게 펼쳐지는 결과가 이어졌다. 1820년대, 특히 1830년대 중반에 파편화된 형태로나마 푸리에Fourier의 연합 이론Assoziationstheorie이 수용되던 흔적들이 발견된다. 여기서 빈곤 문제의 해결을 위한 정말 아마추어적인 제안들은 비록 그 자체로는 모순적이기는 하지만 하나의 근본적인 산업주의 비판과 근대성 비판으로 넘어간다. 푸리에의 '연합association' 개념의 매력은 먼저 외관상 이 개념이 사회적 갈등을 무력화시키고 그러면서 동시에 "사적 재산과 사적 영리활동이 성립"할 수 있도록 약속해준다는 사실에서 나온다.[138] 그에 반해 '연합'이 재산 질서의 개혁 또는 혁명화를 위한 강령 개념으로 전환된 것은 파리 이민자들의 협회와 동호회 협회 사이의 지적인 대립 안에서였다.[139] 여기서 '연합'은 계급이론을 주도하는, 그리고 막 등장하는 노동계급의 정치-사회적 해방운동을 주도하는 개념으로 변환되기 시작했다. 테오도르 슈스터Theodor Schuster가 보기에 "완벽한 것"은 "협회"로부터 나왔다.[140] 슈스터는 자유주의적 협회 열망에 대한 기본 생각을, 즉 세력들의 모임을, 노동과 노동 조직에 옮겨 담았다. "세력들을 모으고 정돈하는 것은 역학의 영역에서 인간 전능의 진정한 비밀이다. …… 한 사람이 실행하지 못하고 생각해내지 못한 것을 모든 사람이 함께 실행하고 생각해낸다.”[141] 빌헬름 바이틀링 Wilhelm Weitling은 아직 여전히 자유주의적이고 민주주의적인 내용이 지배적인 이러한 관념의 세계에 맞서 '연합'을, 1830년대가 시작하는 시점부터 시민사회에 대항한 반대개념으로 정립했다. 그는 재산공유제를 인간의 공동생활을 위한 조직 원리로 천명하면서 독일어권에서는 최초로 사회와 노동체계의 근본적인 개혁을 위한 계획을 발전시켰다. 여기서 바이틀링은 비록 푸리에의 '연합'의 내용을 수용했지만, 혁명적인 미래 계획의 강령 안에서 그 '연합'에 하나의 새로운 위상적 가치를 부여했다. “연합”이라는 수단은, 사람들이 그것을, 민주주의자들의 정치적이고 법적인 평등을 넘어서 하나의 자연적인 인간 평등의 실현으로 간주한다면, “혁명적”으로 된다는 것이다.[142]

초기 사회주의 이론이 연합 개념을 계급 이데올로기 안에 집어넣기 시작하면서부터 '협회'/'연합'의 다의성은 완화되었다. 노동과 생산수단의 사회화를 통해 평등해진 욕구 충족의 목적이 사적 재산의 토대 위에서 점차 증대된 개인적 자유의 자유주의적이고 민주주의적인 이념에 직면해 스스로 자명해졌다. 법적으로 동등한 개인들의 자발적인 결합이라는 연합 개념의 기본 의미는, 비록 이 단어가 이미 1848년 이전에 분열되어 사용되기 시작했지만, 초기 사회주의 이념 연관에서뿐만 아니라 시민적 사회개혁의 진영에서도 동시에 일시적으로 사용되도록 허용해주었다. 연합 개념이 20년간의 양극화 과정에서 명백히 사회주의적 진영에 자리를 잡기 위해서는 아직 1850년대부터 급증하게 된 산업화 속에서 임금에 의존하는 하층계급의 지속적인 정치화라는 혁명적 경험과 관찰이 필요했다.

b—마르크스와 엥겔스에서의 '생산자 연합'

계급 대립을 역사의 유일한 운동 원리로 고양시켰던 마르크스와 엥겔스의 이론은 모든 계급을 포괄하는 자발적 공동체 형태가 사회적·정치적 그리고 문화적 진보의 전달자로 될 가능성을 유보시켰다.[143] '연합'은 그 자신의 사회적 구성을 제한했고, 시민사회의 지배적인 구조로서 '소외'의 반대 개념으로 확장되었다. 연합에는 이제 결정적인 역사적 기능들이 부과되었다. 즉 연합은 프롤레타리아들이 부르주아지에게서 그들의 지배의 조건을 빼앗기 위해 그리고 자신을 사회의 전체로서 혁명적으로 자리매김하기 위해서로 경쟁하는 것을 지양해야 했다.[144] 연합은 프롤레타리아를 스스로 의식하는 계급으로 만들어내기 위한 수단이 되었다. '연합'은 현실적인 투쟁 개념이자 동시에 갈등하는 계급들이 서로 화해를 이룬 사회의 마지막 상태를 위한 종말론적 기대 개념이고 충족 개념이다. 이 개념은 복수 명사로는 현재의 노동협회들과 연정들을, 단수 명사로는 생산자들의 미래의 단합Einheit을 각각 나타낸다. 이러한 풍족한 의미들을 위한 전제조건은 '연합'이 이제 인간과 자연의 친화적 관계도 묘사한다는 것이다. 만일 "생산 세력이

······ 악마적인 지배자들로부터 벗어나 연합된 생산자들의 편에서 완벽한 봉사자로" 변한다면,[145] 노동자들은 맹목적인 힘으로서 자연에 의해 지배당하기보다는 그들 자신과 "자연과의 물질대사"를 "합리적으로" 조정할 수 있게 될 것이다.[146] 자연지배의 강제로부터의 해방은 인간에 대한 인간의 지배 또한 해방시켰다. "자발적 손길과 건전한 정신 그리고 행복한 마음을 가지고 자신의 일을 해나가는 연합 노동" 안에서 생산수단은 더 이상 지배수단으로 독점될 필요가 없게 된 것이다.[147]

c─외국의 조직들

최초의 독일 노동운동의 조직들이 행했던 노력 안으로 합류된 다양한 동기들과 목적들은 수공업 기능공들과 지식인들이 그들의 결사 조직들을 위해 선택했던 명칭들을 들여다보면 금세 알아챌 수 있다. 외국에서의 독일 협회운동은 1832년 라인란트팔츠 지방의 급진 자유주의 운동으로부터 나온, "자유로운 출판을 지지하는 독일 조국협회"의 지부였던 파리의 "독일 민족협회"와 더불어 시작되었다. 루트비히 뵈르네Ludwig Börne는 이 협회의 목적을 여전히 "애국" 개념으로 설정하고 묘사했다.[148] 출판과 언론 자유의 목적은 여기서 조직 개념인 "연맹Bund"[149] 아래에서 추구되고 있는데, 이 연맹은 회원들에 의해 그 명칭이 1834년과 1838년에 각각 "법적 보호를 박탈당한 사람들의 연맹Bund der Geächteten"과 "의인동맹Bund der Gerechten"으로 바뀌면서 "법적 보호를 박탈하는"

그리고 "의롭지 못한" 전체 사회로부터 자신들을 은밀히 분리하려
는 경향을 읽도록 해주는 자기표현이 되었다. 연맹 개념에는 전통
적으로 불법으로 내몰린 민주적 국민국가의 강령이 꼭 따라붙었
다. "법적 보호를 박탈당한 사람들의 독일연맹은 본질적으로 비밀
스러운 결사다. …… 이 연맹의 목적은 독일의 해방과 부활이다."
[150] 마르크스와 엥겔스가 이 연맹에 가입한 후에 이루어진, "공산
주의자들의 연맹Bund der Kommunisten"으로의 명칭 변경은 이 결
사단체를 시민적-민족적인 민주적 급진주의의 전통으로부터 완
전히 분리시켰고, 이 연맹의 노선을 "부르주아지의 전복, 프롤레
타리아의 지배, …… 시민사회의 지양, 계급과 사적 소유가 없는
하나의 새로운 사회의 건설"에 고정시켰다.[151]

수공업 기능공들과 급진적 지식인들의 협회 건설을 위한 본질
적 계기는 "새로운 독일" 또는 "청년 독일"이라는 이름의 민주적
비밀연맹으로부터 나왔다. 이 연맹의 조직 단위들은 자신을 여러
차례 '클럽'이라고 불렀으며, 그 때문에 1789년의 정치 이념들을
연상시켰다.[152] 이 비밀 클럽들 안에는 종종 자신들의 강령이 공식
적으로 비정치적이었던 그리고 그들 자신의 이름에서 교육 목적
을 천명했던 협회들이 가입되어 있었다.[153] 그 배후에는 결코 정치
적 활동들을 감추기 위한 의도만 있었던 것은 아니다. 오히려 협
회 활동들에서는 교육과 정치가 여러 층위로 서로 중첩되어 있었
다.[154] 노동자들에 특화된 협회 생활 내부 세계에서의 협동적인 삶
과 노동의 실제가 "외부 세계"에서의 "새로운 질서" 형성도 지향

한다는 점은 분명 조직을 원하는 노동자-수공업자들의 확산된 희
망이었다.[155]

3. 3월혁명 이전 시기 시민들의 빈곤 문제에 관한 토론

a―국가 "경찰"과 기독교 자선단체 및 하층민의
해방 사이에 있던 사회적 협회 제도

많은 시민적 관찰자들은 1840년경에 여전히 행정국가Verwaltungsstaat
로 하여금 사회적 폐해의 제거뿐만 아니라 경제적 근대화를 위해
서도 책임을 지도록 만들었다. 이 관점에서 보았을 때 "특별한 경
우의 후원을 위한 사적私的 협회들"은 단지 보조적인 기능만을 가
졌는데, 그 이유는 그러한 협회들을 가지고는 "현존하는 국가"의
권위와 지배하에서 가능한 것처럼 보이는 것이 이루어질 수 없기
때문이다.[156] 그러나 경제적 자유화의 추종자들은 점점 더 많이 자
기 목소리를 냈는데, 그들은 시장을 통한 빈곤 문제의 해결을 약
속했다.[157] 이제 막 등장하는 시민사회의 구성원들은 "연합의 정
신"에서 "혼란스러운 공적 사회적 상태들의 안정화"를 점점 더 많
이 희망했고, 국가에는 "형식적 보호와 적극적 혜택"이 아니라 시
민들 자신의 에너지가 방해받지 않고 펼쳐질 수 있도록 해달라고
요구했다.[158] 점점 더 긴박해져가는 사회 문제에 대한 것조차도 독
립적으로 판단을 내리려는 이러한 경향은 시민사회의 구성원들이

갈수록 사회를 자기 자신의 행동 영역으로 이해하고, 사회적 폐해의 제거를 위해서도 사회에 책임을 부여하는 데 기여했다. 만일 해당되는 대다수 사람들의 빈곤이 지금껏 신분적 장벽 안에서 유지되고 제약을 받았던 하층계급 사람들의 조합과 무관한 그리고 불평등한 삶의 사회경제적 결과였다는 점이 인정된다면,[159] 사회적 "악의 원인"을 공격하는 것이 아니라 언제나 "그러한 원인의 일부 개별적 결과들"만 제거하기를 원했던 "박애주의자들"의 "협회들"에 대한 비판도 그 결과로부터 제기되었다.[160] 로버트 몰 Robert Mohl이 복지협회 제도에 맞서 성인교육을 위해 노동자협회를 설치했을 때, 그는 빈곤해진 사람들에게 자신을 시민적-기독교적 자선단체의 객체[구휼의 대상]에서 자신들 고유 협회 조직들의 주체[자율적 존재]로 해방시킬 권리를 인정해주었다. 빅토르 아이메 후버Victor Aimé Huber는 "연합"에 대한 사상을 정착 공동체, 즉 "내적 식민화"에 대한 사상과 결합했다. 그에 따르면, "프롤레타리아의 진영"에서 가난해진 사람들의 협동조합적 결합은 국가와 사회 질서의 토대로서 노동자들의 "기독교적 가족공동체의 삶"과 자신의 신분 의식을 동시에 가능하게 해주어야 한다는 것이다.[161]

b—자기구제를 위한 도움으로서 연합: 교육단체의 구상
1840년대 시작부터, 특히 1844년 슐레지엔 지방 직조공들의 봉기에 대한 충격 이후, 시민들 사이에서는 "노동계급"이 더 이상 자신을 결정할 능력이 부족하다는 관점에서가 아니라 오히려 그들이 시민사회 안으로 통합할 능력이 있다는 관점에서 협회들을 받아들이려는 협회 찬성자들의 준비 자세가 커져갔다. 시민사회의 통합적 구성을 위한 수단으로서 협회는 또한 유산자들과 무산자들 사이의 사회적 긴장을 통한 시민사회의 위기와 위협 상황을 제거하는 추가적 기능까지 넘겨받았다. 이 경우에 자유주의적인 협회 찬성자들은 무엇보다도 다음 두 가지 어려움에 직면해 있음을 알게 되었다. 하나는 "······ 우선적으로 어쨌든 일종의 연합의 형태로 나타나는 국가권력이라는 유령에 대한 공포"다. 이 관점에서 보면 '연합'과 '협회'는 규칙에 따라 통제하고 감독하는 국가기구와 구별되는 경계 개념들로 남아 있었다. 그리고 다른 하나는 "프롤레타리아"에게 여전히 결핍되어 있는 "연합 정신"이다.[162] 이 관점에서 보면 '연합'과 '협회'는 하층계급에 맞서는 통합 개념들이다. 몰은 경영조직의 개혁을 위한 국가의 입법 활동에 온 힘을 쏟았고, "연합 원칙의 적용"을 원론적으로 옹호할 때마다 매번 이 원칙이 "현재의 국가 제도"와 충돌하는 것은 아닌지 의혹을 갖고 있었다.[163] 요한 밥티스트 팔라티Johann Baptist Fallati는 프롤레타리아들이 자신을 조직해야 한다는 관념을 배후의 "노동신분" 개념과 연결했다.[164] 아직은 여전히 기독교적–가부장적으로 강조된 사회복지에 관한 생각이 "노동계급의 복리후생을 위한 중앙 협회"로 들어갔는데, 이 협회는 곧 사회적으로 개방되어 있고 개혁 의지가 있는 관료들과 기업가들이 이끈 단체의 설립을 의미했다.[165]

시민사회의 정체성 개념들로서 '연합'과 '협회'는 하층 시민계급의 조직에 적용되는 데서도 역시 정치적 함의들의 개입을 허용했다. 라인 지방의 자유주의적 기업가들이 가졌던 협회에 대한 구상들은 협회 제도가 하층계급의 정치적 해방을 요구하는 정교한 핵심으로 발전했음을, 그리고 그러한 요구를 시민사회의 발전 모델의 틀 안에서 인정할 준비 자세가 꾸준히 커져가고 있었음을 반영한다. "근면 장려를 위한 아헨 협회Aachener Verein zur Beförderung der Arbeitsamkeit"는 그 명칭을 가난해진 사람들이 무엇보다도 핵심적인 시민의 덕으로서 노동 정신을 갖도록 교육시키려는 창립자 다비트 한제만David Hansemann의 의도에서 따왔다.[166] 그에 반해 1843년 프리드리히 하르코르트Friedrich Harkort에 의해 창립된 "독일의 민족학교와 공익 지식의 확산을 위한 협회Verein für die deutsche Volksschule und Verbreitung gemeinnütziger Kenntnisse"는 정치적 성숙을 향한 교육적 관점에서 국민을 교육시키기 위한 광범위한 구상을 대표한다.[167] 마지막으로 구스타프 메비센Gustav Mevissen은 "일반 원조와 교육 협회Allgemeiner Hülfs- und Bildungsverrein"(1845)를 위한 그 자신의 구상에서 교육과 개인을 자유주의적으로 연결시키는 것을 포기했고, "교육"을 "대중"의 "정신"과 결합시킬 수 있다고 선언했다.[168]

c—법인Korporation 개념의 도움을 받은 보수적 근대성 비판

시민적-자유주의적 사회개혁이 자발적 모임들을 통해 빈곤해진

무정형의 대중이 자유롭고 법적으로 동등한 개인들의 시민사회 안으로 편입되는 것을 희망했다면, 반면 보수적 근대성 비판 담론은 일반적으로 전통적인 강제연맹Zwangsverband, 즉 법인Korporation을 끌어들였다. 바더Baader에게 "소위 노동 민중의 연합들"은 자신을 원래의 "정치적 [토대Boden]"에서 "사회적 [토대]"로 옮긴 근대적 "혁명주의Revolutionism"의 결정結晶 형식들Kristallisationsformen이었다.[169] 바더는 개인적이고 특별한 이해관계의 자유로운 모임과 독립적인 통합에 맞서, 개인적인 자기결정의 형식에서가 아니라 초개인적−신분적인 특권의 형식으로 자신을 인식했던 구유럽적인 법인적 자유를 제시했다. 이러한 사회적 보수주의와 기독교 국가 이념의 혼합은 특히 바더가 "기독교에 대한 공격"을 "신분제도Standschaften와 법인Korporationen"에 대한 공격과 동일시했을 때 분명하게 드러난다.[170] 신분적 보수주의 외에 국가주의를 목표로 하는 보수주의도 역시 법인 개념을 이용했다. 그러나 이 법인 개념은 사적 개인들의 권리와 공적 임무들 사이의 분명한 경계가 사라질 위험에, 그리고 새로운 협회 유형들이 법인의 법적 지위의 보증을 통해 유사−제도적 위상을 강탈할 위험에 직면한 것처럼 보였다. "법인이라는 한때 관습적이었지만 지금도 통용되는 표현을 …… 다른 표현과 …… 혼동할 필요가 …… 없다"는, 무엇보다 베젤러Beseler의 새로운 협동조합 개념Genossenschaftsbegriff에 반대하는 이 명제에게 오랫동안 미래는 전혀 없었다.[171]

법인 개념은 더 이상 그 어떠한 단체 형성의 힘도 획득할 수 없었던 사회정치적 프로그램을 대변했다. 그 때문에 프리드리히 율리우스 슈탈Friedrich Julius Stahl의 성찰적 보수주의는 한때 등장했던 운동 과정이 갖는 불가역성의 혁명을 고려하고자 노력했다. 즉 그는 "연합을 키우는 일"이 "미래를 위해 하나의 새로운 원리를 형성하는 것"임을 인정했다.[172] 그렇지만 그에게 자본의 우세한 힘에 대항하는 가난한 사람들을 위한 해독제로서 연합은 중산계급이 새로운 시장 조건들에 적응하기 위한 수단에 머물렀지, 결코 하층계급의 상공인들이 스스로 사회적이고 정치적인 조직을 만들기 위한 수단은 아니었다.[173]

산업사회와 그 조직들

CHAPTER VI

Die industrielle Gesellschaft und ihre Organisationen
VI. 산업사회와 그 조직들

1. 1848/49년 이후 협회 용어의 합법화와 분화

●●●   1848/49년 혁명 이후에 3월혁명 이전 시기 개념
의 발전 경향이 전환점을 맞이했다. 즉 '협회'와 '연합'이 단체화
에 참여하는 모든 유형을 위한 보편적 표어로 승격된 것이다. 혁
명 이전의 "운동 당파" 안에서 통일적인 진보에의 기대가 해체되
면서 더 이상 논쟁적이지 않게 토론되던 기대 개념의 아우라가 협
회와 연합 개념들에서 빠져나가 버렸다. 그에 맞서 이제 막 시작
되던 반동의 시대에서는 더욱더 강력해진 개념적 분화에 대한 욕
구가 눈에 띄었다. 프랑크푸르트 성 바울 교회에서 헌법이 선언된
이후 이 개념적 분화는 협회 개념의 합법화를 고려하게 되었고,[174]
혁명 시대의 정치적 협회 제도에 대항한 반동에 조응했으며, 산업
사회의 계급 분화 속에서 협회 제도의 실제적 분화를 만족시켰
다.[175] 프랑크푸르트 국민의회는 제국헌법 162조에서 다음 조항을

결의했다. "독일인들은 협회를 창립할 권리를 갖는다."[176] 프로이센의 헌법(1850년, 29조와 30조)과 몇몇 소국들의 헌법도 이 규정을, 주요 법 유보조항을 조건부로 하여 수용했다.[177] 나머지 국가들은—프로이센도 역시 나중에 그랬듯이—정치적 협회 제도를 법적으로 금지한다고 공포했다. 1854년 12월 13일에 공포된, 협회에 적대적인 독일연방의 새로운 결의가 각국에서 상이하게 적용되었기 때문에, 그리고 1850년대와 1860년대 초반 연정을 이룰 때뿐만 아니라 잠재적이고 공개적인 정치적 협회들에서도 역시 협회의 법적 금지 조치가 각국 당국에서 상이하게 실행되었기 때문에, 사실상 법적인 불안정이 엄청나게 팽배해져 있었다.[178] 그렇지만 3월혁명 이전 시기와는 반대로 이제 '정치적 협회'가 법적 용어로 확립되었다. 이제 막 등장하는 소상공인과 농민들의 경제적 자력구제 협회들은 '동맹'이라는 이름 아래 모여들기 시작했고, '연합'은 처음 출발 때 의미했던 "무역단체Handelsgesellschaft", 그렇지만 "주식회사 형태로 …… 거대 규모의 새로운 사업들"을 포함한 무역단체로 되돌아가는 경향을 보였다.[179]

그밖에 '연합'은 교양 시민계층의 언어 사용에서 그 개념이 "노동 조직"으로 그리고 정치적 "노동협회 제도"로 쏠리는 경향을 보이면서 점차 부정적 어감을 띠게 되었다. 그러한 "연합들"은 이제 "매우 분명하게 도를 넘어선 것"으로 그리고 "개인의 권리의 부정"으로 간주되었다. 노동조합적 노동협회들은 "노동 자체에, 그리고 산업과 전체 사회에 위험한 것"처럼 보였다.[180]

2. 산업사회와 중산계층: '협동조합Genossenschaft'

정치적-사회적 언어에서는 '협동조합'이라는 표현과 더불어 1840년대가 시작될 때까지 단지 미미한 역할만 하던 단어 하나가 부각되었다. 아무리 18세기의 백과사전들에서 그 의미상 "신분에서의 평등"이 명시되어 있었다 하더라도,[181] 18세기 말경에는 "동업조합Zunft, 길드Innung, 단체Gesellschaft" 등에 대한 하나의 확실하고 정교한 의미 규정이 두드러지게 나타났다.[182] 협동조합이라는 단어는 점차 '단체', '협회', '연합' 등에 가까이 다가갔지만, 그래도 여전히 신분적-법인적 전통에 강하게 밀착되어 있었다. 바로 이러한 매개적 위치 때문에 중산계층 운동이 법 개념과 정향定向 개념으로 승격하는 일이 발생했다. 결정적인 언어정치적 추동력은 신생 게르만주의 학파의 법이론에서 나왔다.

게오르크 베젤러Georg Beseler는 절대주의적 경찰학이 분파 연맹들의 법적 본질을 정의하는 데 도움을 주었던 '조합societas'과 '협동체universitas'라는 전통적인 법 개념들을 비판할 때, 몇몇 사람들이 그 권리를 지닐 수 있었던 "전재산Gesamteigentum"을 소유한 연맹Verband이라는 독일법적 유형을 그 근거로 이용했다.[183] 협동조합의 이러한 연맹 유형은 곧 역사적인 전범Vorbild이 되었다. 바로 이 전범으로부터 국가시민으로서 사적 재산의 소유자들이 내세운 정치적 참여에 대한 권리 주장이 도출되었고, 또 그 전범은 무제한의 자본주의적 경쟁 사회에 맞서 노동과 자본이 중소기업 형식으로 그리고 일종의 노동자들 연대공동체Solidargemeinschaft로 통일되어야 한다는 사상을 실현시키는 것처럼 보였다. "협동조합" 또는 "법인"에 대한 베젤러의 개념, "친밀한 무리"와 "법인적 삶"에 대한 그의 옹호는 법적으로 동등한 관료적 관청국가 안에서 그리고 자유화된 유통경제 속에서 개인들이 원자화되는 것을 반대하는 쪽으로 나아갔다.[184] 헤르만 슐체-델리취Hermann Schulze-Delitzsch는 그로부터 경제적 생활을 하는 개인들의 협동조합적 자기구제라는 개념Konzept을 발전시켰다.[185] '협동조합'은 이제 소상공인들이 대기업에 맞서 경쟁력을 유지하고자 하는 협회 유형을 지칭하는 집합 개념이 되었다. 협동조합 개념은 이로써 소규모 자산가들로 구성된 상대적으로 동질적인 사회를 향한 경제적인, 그러면서 동시에 정치적-사회적인 희망을, 즉 자유주의화된 경쟁경제와 산업화가 경제적으로 사회적으로 서로 조응하면서 퇴화된 현상들인 "배금주의"와 "빈곤"을 경제적 자기구제로 극복할 수 있다는 희망을 담아냈다.[186]

'협동조합' 개념과 법적 형식은 25년이 채 안 되는 기간에 두루 확산되었다. 백과사전들이 1868년 7월 4일 북독일연맹의 법에 기대어 협동조합을, "해당 회원들이 공동체적 영리활동을 수단으로 그들의 신용, 영업, 경제를 장려할 것을 목적으로 하는 단체들Gesellschaften"로 정의했다면,[187] 금융과 후원을 위한 협회 제도는 시민 독자층의 이해를 도모하기 위해 협동조합 개념의 의미 영역 밖으로 배제되었고, 조직 개념의 차원에서 '중산계층'과 '임금에 의존하는 노동자계층'의 분리가 완성되었다.

3. 노동운동: "노동자교육협회"에서 "국제노동자연합"으로

하층계급에서 조직을 만들고자 하는 노력은 1848년과 1863년 사이에 다방면에서 그리고 그것을 넘어서 무엇보다도 '노동자교육협회Arbeiterbildungsverein'라는 개념에서 발견된다. "노동자들을 위한 교육협회"에서 중요한 것은 "노동자의 보편적이고 도덕적인 교육"을 가능하게 하는 것, 더 나아가 "노동자가 모든 법적인 수단을 이용해 모든 국가시민적 권리의 혜택을 완벽히 누리도록 하는 것, 그리고 노동자를 상업적이고 정치적인 관점에서 진정한 국가시민으로 양성하는 것"이었다.[188] 시민적-민주주의적인 정치사회적 분위기가 우세한 가운데 노동자협회는 적어도 1863년까지 아직은 자신을 "자력구제 정신Geist der Selbsthülfe"이라는 자유주의적 표어와 대립각을 세우는 것으로 이해하지는 않았다.[189]

그러나 시민사회 안에서 사회적으로 존경받고 정치적으로 동등한 수준의 위치에 오르고자 하는 노동자들의 의지는 점차 그 자신들의 가치규범과 사회적 영향력의 기준을 갖고서 자신을 시민사회로부터 차별화하고자 하는 의도로 변해갔다. 개념적으로 이것은 1863년 페르디난트 라살레Ferdinand Lassalle가 실행했듯이, '노동자교육협회'와 '후원협회Unterstützungsverein'로부터 벗어나는 행보 속에서, 그리고 무엇보다도 '연합'이라는 조직 개념을 노동자들의 "계급Klasse" 또는 "계층Stand"과 연결하는 행보 속에서 파악된다.[190] 라살레가 아직 정확한 개념 규정 없이 "노동자 연합, 노동계급의 연합", 그리고 "노동계층의 연합"[191] 등을 언급할 수 있었다는 사실은 곧 그가 적대적인 계급사회의 모델과 자유주의적-민주주의적 국가체제를 통해 사회적 갈등을 해소하고자 하는 희망 사이에서 이론적으로 명확하지는 않지만, 정치적으로 그 둘을 매개하는 위치에 있었다는 점을 시사한다. "독일 노동자협회 연맹Verband der deutschen Arbeitervereine"이 "국제노동자연합Internationale Arbeiterassoziation"으로 전환되면서 노동자들과 시민계층 사이의 정치적이고 사회적인 적대관계가 결정적으로 사회주의 노동운동의 주도적 관념으로 확립되었다. 만일 "노동자협회들"이 "특정 정당정치"를 수행해야 한다면, "노동자들의 관심"은 "자신들이 사회적 적대자들로부터 정치적으로도 분리될 것"을 요구한다. 왜냐하면 "사회적이고 정치적인 문제들"은 "서로 분리될 수 없기" 때문이다.[192] "제5회 독일 노동자협회의 날이 …… 국제 노동자-연합에서 추구하는 노력들과 …… 연계"되면서,[193] 마르크스와 엥겔스의 연합 개념이 갖는 정치적-전략적인 그리고 유토피아적인 내용이 독일 노동운동의 자기이해와 강령 안으로 치고 들어왔다.

4. 동업조합Zunft과 계급 사이의 노동조직:
   '노동조합Gewerkschaft'

1863년과 1873년 사이 노동운동의 합법화 단계에서 임금과 노동 상황의 직접적 개선을 목표로 두었던 협회들을 위해 '노동조합'이라는 명칭이 만들어졌다. 이 표현은 새로운 것이 아니었다. 즉 이 표현은 그때까지 두 개의 서로 상이한 의미들을 갖고 등장했는데, 하나는 자산가들의 단체를 위한 특별히 광산권적인 용어로서였고, 다른 하나는 '동업조합'에 대한 참조 개념으로서였다. 물론 이 두 번째 의미에서는 노동조합이라는 단어가 19세기의 고풍스런 부가적인 의미를 지니고 있었다. 이 단어가 그 어간으로 '[광산 또는 건설 분야의] 수작업 노동Gewerk'을 취하고 있다는 것은 곧 동업조합 개념을 이용하지 않고 특정 업종을 묶어주는 표현을 찾고자 하는 욕구를 암시한다. '[광산] 노동조합원Gewerke'과는 달리 '노동조합Gewerkschaft'은 더 이상 신분[직업]계층에 연관되지 않고 오히려 계급계층에 연관된다. 수공업 노동자들Handwerker-Arbeiter의 눈에는 이제 "과거의 동업조합 제도Zunfteinrichtungen를 합리적인 수작업 노동자들의 조합Gewerksgenossenschaften으로 전환하는 것"이 중요했다.[194] 그러나 시간이 지나면서 협회들은 '법인'과 '협동조합'과 같은 전통적인 표현들을 밀어냈고, 자신을 상공업에 종사하는 중산계층의 자력구제 조직들로부터 언어적으로 분리했다. 1868년 가을 노동조합적 중앙 연맹을 위한 라살레주의의 창립총회

Lasalleanische Gründungskongress의 대표들은 당시가 언어정치적 전환과 결정이 필요한 상황임을 정확히 인식하고 있었다. 동업조합적 조직으로부터의 언어적 거리두기는 "노동조합"이라는 개념까지 포기하는 상황에 이르게 되었는데, 그 이유는 이 개념 안에는 특정 업종에 속하지 않은 "자유로운 노동자들이 …… 포함되어 있지 않기" 때문이라는 것이다. 사람들은 노동조합이라는 단어를 "수공업 Handwerke 등과 다를 것이 없는 것"으로 이해한다는 것이다.[195] 모든 것이 그 명칭에 달려 있다는 의식하에 라살레주의의 창립총회는 "협동조합Genossenschaft"이나 "노동자협동조합Arbeitergenossenschaft"에 표를 던지지 않고 "가능한 한 일반적인 명칭"에 대한 관심 속에서 "전체 노동자Arbeiterschaft" 쪽에 표를 던졌다. 왜냐하면 그 명칭이 "수공업자들, 상인들, 노동자들"에게도 입회를 허용해주었기 때문이다.[196]

그러나 이 명칭은 널리 통용될 수 없었다. 베벨Bebel과 리프크네히트Liebknecht의 노선은 수공업자들의 자력구제와 친목의 노력이라는 전통을 보존해주는 "수작업 노동자들의 협동조합Gewerks-Genossenschaft"이라는, 이전에 발견한 용어를 우선적으로 취했다.[197] 나중에 '수작업 노동자들의 조합' 대신 '노동조합Gewerkschaft'이라는 집합 표현이 확립되는 데에는 의심의 여지 없이 1866년부터 점증하기 시작한 경향, 즉 이 분야의 협회들이 자신을 파업 준비와 파업 실행의 조직들로 이해하려는 태도도 한몫했다.[198] 늦어도 자유민주주의와 사회민주주의가 결정적으로 분리된 이후부터는 정치적 언어 사용이 노동조합 개념을 "파업협회Streikvereine"로서 사회주의 노동운동의 직업협회Berufsvereine에 고정시켰다. "사회적 평화를 장려하는 수단"으로서 "히르쉬–둔커의 수작업 노동자 협회Hirsch–Dunckersche Gewerkvereine"를 포함한 노동운동의 "자유주의–시민적" 분파는 의식적으로 "모든 합법적인 관심들이 …… 조화를 이룬다"는 논거로써 사회주의 노동운동의 직업협회들로부터 거리를 두었다.[199]

전망

CHAPTER VII

Ausblick

VII. 전망

●●●   1850년과 1873년 사이에 협회라는 명칭은 결정적으로 시민사회와 이제 막 등장하는 산업사회의 동아리 모임 방식Gesellungsweise으로서 통용되었고, 그 이래로 사회적이고 정치적인 행동들의 자명하고 일상적이며 더 이상 논란의 여지가 없는 조직 형식이 되었다. 서로 갈등 관계에 들어선 사회적·정치적 당파들과 운동에 의해 전개된, 그리고 '협회', '연합', '협동조합', '노동조합'과 같은 슬로건들과 결합된 다소 특별한 이론들에 맞서, 로렌츠 폰 슈타인Lorenz von Stein은 동시대 협회 제도의 모든 관점을 다시 한번 하나의 광범위하고 역사적인 발전 모델 안에 통합시키고자 노력했다. 그는 협회들의 분화와 확산을 시민사회와 산업사회의 구조 원리로 환원시켰고, "협회 제도들이 …… 공적이고 사적인 생활 안에 하나의 자리를 차지하는 것으로 규정되고 또 그럴 수 있을 것"이라고, 그렇지만 "그 자리의 의미와 규모"에 대해서는 사람들이 아직은 결코 합당한 생각을 할 수 없을 것이라고

예견했다.[200] 슈타인은 협회 제도가 "자본과 노동이 분리되기 시작하는 바로 그 지점"에서 산업사회의 사회적 적대관계를 해결해줄 것이라고 기대했다.[201] "후원협회, 구제협회, 노동협회"[202] 등의 유형을 갖는 사회적 협회 제도들은 그에 따라 고도로 발달한 산업화 속에서 국가시민적 사회의 계급구조를 녹여버리고, 소유의 자유와 정치적 평등의 자유를 기반에 두고 건설된 국가와 사회질서의 진화적 발전을 보증해준다.

슈타인에게 '계급' 개념이 전면에 서 있었다면, 오토 폰 기에르케Otto von Gierke는 '협회', '연합', '협동조합' 같은 개념들을 '민족Nation'과 연결시켰다. 기에르케는 "게르만적 협동조합 감각"과 "라틴적 모반 정신"을 서로 대립시킨 후 전자에는 "스스로 작동하는 공동감각과 자율적 관리의 능력"이라는 특징을, 후자에는 "비가시적 통일과 …… 엄격한 중앙집권 아래로의 광신적 예속"이라는 특징을 각각 첨가하면서,[203] 자유를 위한 자립조직 형식으로서 협회의 원리를 특별히 게르만적—독일적 성과로 요구했고, 협동조합 개념의 토대 위에서 민족국가와 사회체제의 특수한 길을 가정했다. 그는 자유주의적 협회 이론도 역시 하나의 사회적 연맹들의 유형학Typologie이라는 방향으로 계속 발전시켰다. 그는 또 협회적 의미의 동아리Gesellung 안에, 협동조합 안에 억압과 자유의 양극을 서로 화해시킬 수 있는 가능성이 있다고 보았다. '연합', '협회', '협동조합'—이것들은 협회사상Vereinsgedanke 이론의 역사를 통틀어 권력의 중앙 집중과 자유로운 자기결정 사이의 대립적인 보완과 상호제약이 표현된 개념들이었다.

결국 19세기 말과 20세기 초에 이르러 사람들은 연맹적 삶의 심리적 의미를 발견했고, 강력한 충동적–자연적 동아리 형식과 우선적으로 합목적적–의식적 동아리 형식 사이를 새로이, 그렇지만 이번에는 더욱더 예리하고 첨예하게 구분했다. "공동사회Gemeinschaft"와 "이익사회Gesellschaft"를 양극적 개념으로 분리해서 이해했던 퇴니스Tönnies에게서 이러한 이상형적idealtypisch 구분이 "협동조합Genossenschaft"과 "협회Verein"의 대립 속에서 완성된다.[204] 막스 베버는 결국 일상생활이 다양한 형식의 협회 안으로 완전히 침투해 들어왔다고 기록했다. 즉 "오늘날의 인간"은 "두려울 정도의 규모로, 전혀 예측할 수 없는 규모로 협회 인간Vereinsmensch"이 되었다는 것이다. 협회는 한편으로 고급 인력을 "선발"하는 수단의 기능을 발휘하면서 시민 생활에 "적응한 사람들"이 "사회생활 속에서 업무적 지배"를, "정치적 지배"를, 모든 종류의 지배"를 수행하도록 도와준다. "정당, 협회, 클럽" 등은 현대의 대중사회 속에서 "실제로 …… 언제나 소수지배Minoritätsherrschaft"를 가능하게 해준다. 다른 한편으로 협회는 어디에나 있는, 그 자신의 존재 안에서 그리고 다양하게 나타나는 그 자신의 모습 속에서 거의 모든 동시대인의 "실제적 삶의 영위"에 영향을 미치고, 그러한 삶의 영위를 규정하는 사회적 매체Medium이기도 하다. 협회는 또한 하나의 "조직기구Apparat"의 완성과 그와 연관된 비인격화 경향을 통해서 "이념을 현실로 실현시키려는 모든 시도의 비극적 현상"에도 기여한다.[205]

국가 감시가 매우 일찍이 철회되면서 임의의 목적으로 협회들을 세울 수 있는 국가시민적 권리는 20세기의 자유를 추구하는 법치국가 안에서 더 이상 문제가 되지 않았다. 자유롭게 협회를 세울 권리는 개인적 권리의 핵심 구성요건을 형성하고, 또 산업사회에서 상사, 주식회사, 구매 협동조합과 경제 협동조합Erwerbs- und Wirtschaftsgenossenschaften과 같은 영리단체들Vermögensgesellschaften의, 그리고 정치적 협회들의 또는—특별한 위치를 갖는—정당들의, 경제적 이익연맹들의, 문화적 협회 제도들의 전개를 보장해준다. 협회 제도의 형성과 능력이 본질적으로 "자유로운 개인의 의식"에 의해 사회가 완벽하게 만들어져가는 "정도"에 의해 제약을 받는다는 점[206]은 자유주의적-입헌국가적 법이론에서 사회적 통념communis opinio으로 남아 있었다. 18세기 말과 19세기 초에 우선 문화적·사회적·정치적 개혁운동의 조직 형태였던 협회는 이제 현대 "대중문화"[207]의 전달자로 발전했다. 1920년대가 시작하면서부터 고전적-자유주의적 협회 유형과 이와 함께 협회 개념 자체도 역시 반反개인주의적 근대화 비판의 소용돌이에 빠져들었다. 다원론적, 다양한 모습의 협회 제도 그리고 제한된, 정확히 정의된 목적을 지향하는 협회 제도가 산업적 대중사회에서 개인의 고립화를 저지할 수 있다는 주장은 신조합적neukorporativ 그리고 "유기체적organisch" 국가사상과 사회사상에 의해 의심받았다. 방위연맹Wehrverbände처럼 청년운동에 의해 영향받은 연맹들 안에서 생활공동체적 유대를 향한 점증하는 욕구가 두드러지게 드러났다. 점차 커져가는 "협회 피로감Vereinsmüdigkeit"은 이제 "기계적mechanisch"이라고 비판받는 "협회 제도" 안에서 "과도한 지성주의의 영향"에 그 원인이 돌려졌다.[208] 나치즘적 민족 이데올로기의 협회 적대 정책에 맞서 서독 정부의 기본법 제9조 1항은 자유로운 협회 설립에 대한 기본권을 다시 복원시켰다.

볼프강 하르트비히

볼프강 하르트비히 Wolfgang Hardtwig(1944~)
독일 근대역사가. 1991년부터 2009년 퇴임까지 독일 베를린의 홈볼트대학에서 근대사 교수로 활동했다. 저서로 《역사문화와 학문》, 《독일의 협동조합, 종파, 협회》 등이 있다.

옮긴이의 글

●●●　　　이 책은 독일의 역사이론가이자 개념사 연구방
법의 창시자 중 한 사람인 라인하르트 코젤렉Reinhart Koselleck이
오토 브루너Otto Brunner, 베르너 콘체Werner Conze와 더불어 편집
한 《역사적 기본 개념: 독일의 정치적-사회적 언어에 대한 역사
사전》 중 〈협회Verein〉 항목을 옮긴 것이다. 집필자는 독일의 근대
역사가로 1985년부터 1991년까지 에를랑겐-뉘른베르크대학교
사학과에서, 그리고 1991년부터 2009년 퇴임 때까지 베를린 훔볼
트대학교 사학과에서 근대사 교수를 역임한 볼프강 하르트비히
Wolfgang Hardtwig다.

하르트비히의 박사학위 논문은 사학사 분야였지만, 교수자격시
험Habilitation 논문은 개념사를 다룬 것이었다. 나는 비록 그와 개
인적으로 친분은 없지만, 간접적으로 연결되어 있다고 느낀다. 왜
냐하면 그가 1972년 뮌헨대학교에서 받은 박사학위 논문이, 내가
2000년에 베를린 자유대학교에서 받은 박사학위 논문의 주제와

같았기 때문이다. 둘 다 야코프 부르크하르트라는 스위스 바젤 출신의 역사가를 다루었다. 박사논문을 작성할 때 그의 학위논문을 많이 참조했음은, 그렇지만 구성과 내용 그리고 형식에서 그의 논조와 많은 거리를 두었음은 두 말의 여지가 없다. 어쨌든 이처럼 사학사로 학계에 입문했던 하르트비히는 교수자격시험에서 코젤렉의 영향 때문인지 개념사로 확 전환한다. 그리고 그가 쓴 교수자격시험 논문은 바로 이 책의 주제와 정확히 일치한다. 즉 그의 논문은 협회, 협동조합, 단체, 노동조합의 개념사를 다루고 있고, 결국 이 논문은 1997년 뮌헨에서 《독일의 협동조합, 종파, 협회: 중세 말에서 프랑스혁명까지 *Genossenschaft, Sekte, Verein in Deutschland. Vom Spätmittelalter bis zur Französischen Revolution*》라는 제목의 책으로 출판되었다. 따라서 지금 독자들이 읽고 있는 이 책은 하르트비히의 교수자격시험 논문을 압축, 요약해 놓은 글이라고 보아도 무방하다.

하르트비히에 따르면, 독일에서 'Verein'이라는 단어는 중세 때 '렌제의 선제후협정Kurverein von Rense'(1338)에서처럼 서로의 '약속'이나 '연대' 또는 '결합'을 뜻하는 단어였다. 심지어 당시에는 독립 명사로 쓰이지도 않았다. 이후 종교개혁과 근대 초에는 종파를 함께 하는 제후들 또는 종파를 초월한 제후들끼리의 연합이라는 의미로 확대되어 쓰이다가, 18세기에 와서야 하나의 개념으로 자리 잡았다. 즉 이 과정을 거치면서 'Verein'은 제후들이나 귀족들 사이의 결합, 또는 제국과 비독일 국가들 사이의 연대, 아니면 제국 바깥의 유럽 국가들 사이의 '동맹Allianz'을 뜻하는 '연맹 Bund', '연합Assoziation' 등의 의미로 쓰이다가, 1790년대에 들어서부터 "자연법적 국가이론과 사회이론의 전문용어"로 거듭났다는 것이다. 특히 절대왕정과 계몽주의 시대인 18세기에는 학회, 교육단체, 상업단체, 비밀단체 등이 번성하다가 이후 19세기에 들어서면서 'Verein'은 'Bund연방', 'Assoziation연합', 'Verband연맹', 'Verbindung결사', 'Sozietät조합', 'Korporation법인', 'Genossenschaft협동조합', 'Gewerkschaft노동조합', 나중에는 'Gemeinschaft공동체', 'Gesellschaft사회' 등 무수히 많은 유사 개념들과 거리를 두면서 또는 연합하면서 독자적으로 발전해갔다.

인간은 사회적 동물이다. 지금으로부터 약 2300년 전에 이미 아리스토텔레스가 《정치학Politica》에서 규정한 말이다. 아니, 아리스토텔레스가 아니라도 동서고금 누구나 쉽게 수긍할 수 있는 말이다. 인간은 개인으로도 존재하지만, 언제나 다른 사람들과 사회적으로 결합하면서 살아간다. 독일어 개념 'Verein'은 인간이 사회적 존재임을 나타내주는 수많은 말들 중 하나다. 물론 그중 가장 상징적일 만큼 중요하기에 코젤렉의 개념사 사전에 표제어로 등장했을 것이다. 그런데 'Verein'은 결국 종국에는 Gesellschaft로 수렴된다. 왜냐하면 확대된 의미의 '협회'가 곧 '사회'이기 때문이다. '협회'가 작은 규모의 인간들의 모임이라면, '사회'는 특정 목적을 위해서 모인 더 큰 규모의 인간들의 동아리이기 때문이다. 내가 이 책에서 '조합'으로 번역한 독일어 단어 'Sozietät', 즉 영어의 '사회'

를 뜻하는 'society'는 'societas'에서 유래하는데, 이 단어는 '연합, 동맹, 연맹, 공동 모의' 등을 뜻하는 라틴어 명사다. 이를 통해 우리는 '사회'가 '공통의 목적과 이해관계를 기초로 하는 개인들의 집합'임을 알 수 있다. 그래서 하르트비히도 이 책에서 "협회 개념"이 "사회화와 국가형성의 과정을 역사화했다"고 주장한다.

그런데 일종의 동호인 모임, 즉 동아리를 뜻하는 이 '사회'라는 개념은 오랫동안 수면 아래 잠자고 있다가 프랑스혁명을 거치면서, 즉 19세기 초에 들어와서야 비로소 정치적 성격을 띠는 단체나 모임으로서 '국가'로부터 분리되어 '비정치적인 사람들의 모임'이라는 뜻의 독립개념으로 승격한다. 그래서 '사회'를 학문적 탐구의 주제로 설정한 프랑스의 실증주의 철학자 콩트Auguste Comte에 의해 근대학문으로서 '사회학'이 창시되기까지 했다는 점은 누구나 아는 사실이다. 결국 인간들은 최초의 원초적인 모임인 '가족'에서 출발해 점차 가족 이외의 타인과의 작은 모임인 '단체(협회)'를 만들고, 이것을 다시 더 큰 모임인 '사회' 또는 '국가'로 확대해나가면서 문명을 이루어온 셈이다. 이러한 저간의 사정을 염두에 둔다면, '협회' 같은 작은 단체들의 등장은 '사회'나 '국가'가 탄생하는 과정을 역사적으로 설명해주는 개념이 된다. 달리 말하면, 독일어 'Verein'은 뜻을 함께하는 사람들의 모임이라는 의미의 단어로서, 더 큰 규모의 인간 모임인 '사회'나 '국가'의 탄생 배경이나 그 기능 및 성격, 나아가 장단점까지도 파악할 수 있도록 해주는, 한마디로 '사회'나 '국가'가 무엇인지를 알 수 있도록 해주는 시금석이나 표지석 역할을 하는 개념이라고 할 수 있다.

한림대 한림과학원의 의뢰로 번역을 맡아 작업하긴 했지만, '협회Verein'는 애초에 내가 흥미를 가질 만한 개념이 결코 아니었다. 아니 관심이 없던 것을 넘어서 재미도 없어 보였다. 원래 개인적으로 동창회나 반상회 같은, 친하지도 않은 사람들의 모임 자체를 별로 좋아하지 않는데다가 사회(의 기능이나 역할)보다는 인간(의 본성이나 사상)에 더 관심이 많아서 그랬을 것이다(그래서 내 전공은 사회사가 아니라 지성사다). 하지만 막상 번역해나가다 보니, 협회 개념이야말로 인간이 사회화되어가는 과정에서 최초로 접하게 되는, 그래서 결국 사회와 국가로까지 이어질 수 있는 중요한 개념임을 깨닫게 되었다. 사회도 역시 인간의 본성을 규정하는 중요한 영역임을 부인할 수 없기에 그러한 각성은 더욱더 굳어져갔다. 따라서 이 번역 작업은 나에게 개인과 사회와의 관계, 인간의 사회적 본성의 진정한 의미, 사회와 국가의 형성 과정에서 수행하는 인간들의 모임이나 단체들의 기능과 역할 등을 성찰하고 고민하도록 독려하는 계기가 되었다. 즉 나로 하여금 '사회'에 대해서 그리고 그것을 역사적으로 연구하는 '사회사'에 대해서 다시 고찰하도록 하는 동기를 부여해준 셈이다. 사실 독일에서 만들어진 '개념사'라는 콘셉트는 '개념의 사회사'라고 해도 무방할 정도로 사회사와 밀접한 관계를 맺고서 발전해왔다. 개념사가들 치고 사회사가들이 아닌 경우가 드물 정도였으니 말이다. 그만큼 개념사와 사회사는 거의 붙어 다닌다. 아무튼 이 책의 번역 작업은 나를 많이 성숙시켰다. 워낙 방대한 사료에 입각해서 훌륭한 글 솜씨로 자기 생각을 멋지게 풀어내는 집필자의 탁월한 능력에 감탄하면서 참 많은 것을 배우고 익히는 과정이었다고 생각한다.

원문 텍스트에 그리스어나 라틴어, 프랑스어 같은 외래의 언어가 거의 없어서 번역은 그다지 힘들지 않았다. 그러나 그렇다고 해서 힘든 점이 전혀 없었던 것은 아니다. 무엇보다 의미나 용례는 비슷하지만 단어 자체가 다른 수많은 유사 용어들을 어떻게 서로 차별화시켜 번역해야 할지, 참으로 난감했다. 앞서 언급했던 'Verein'은 'Bund', 'Assoziation', 'Verband', 'Verbindung', 'Sozietät', 'Korporation', 'Genossenschaft', 'Gewerkschaft', 'Gemeinschaft', 'Gesellschaft' 등과 일부는 겹치고 일부는 다르다. 이 수많은 단어들의 교집합과 여집합은 무엇이고, 합집합과 부분집합은 무엇인지를 밝혀내는 작업 없이 곧바로 번역해나가다 보니, 서로 다른 두 개의 독일어 단어를 우리말의 한 단어로 번역하거나 독일어의 한 단어를 우리말의 두 단어로 번역하는 일이 발생했다. 물론 모두 우리말로 뜻이 통하고 맥락에 맞게 번역하려다 보니 발생한 일이긴 했지만, 그럼에도 참 깔끔하게 번역 처리되지 못했다는 아쉬움이 남는다. 그리고 더불어 개념사 사전을 번역하다 보니 느낀 점인데, 독일어의 수많은 용어들을 우리말로 뜻이 통하도록 맥락에 맞게 직역 또는 의역을 하긴 했지만, 언어의 수준과 차원 또는 단어의 종류와 함축하는 많은 의미 등이 달라도 서로 너무 많이 다르다는 것이다. 우리말에 없는 독일어 체계, 독일어에 없는 우리말 체계 속에서 일대일로 대응하는 단어들을 찾아 번역하려니 이만저만 힘든 게 아니었다. 그 점에서 개념사 사전을 번역하는 작업이 엄청나게 힘든 일임을 새삼 절감했다. 끝으로 원문에 보면 수많은 법률용어들과 경제용어들이 나오는데, 이를 해결하기 위해 내가 특별히 부탁한 사람도 거의 없었지만 설령 부탁했다 하더라도 내가 원하는 수준의 도움을 준 사람도 거의 없었다. 그래서 번역 문장이나 용어들에서 오류나 실수가 얼마든지 나올 수 있다고 생각한다. 물론 그에 대한 책임은 전적으로 역자인 나에게 있기에, 독자들의 너그러운 혜량과 질정을 바란다.

2022년 10월
최성철

주석과 참고문헌에 사용된 독어 약어 설명

abgedr.(abgedruckt) = 인쇄된, 활자화된

Anm.(Anmerkung) = 주註

Art.(Artikel) = (사전 따위의) 항목, (법률의) 조條

Aufl.(Auflage) = (책의) 판(초판, 재판 등의)

Ausg.(Ausgabe) = (책의) 판(함부르크판, 프랑크푸르트판 등의)

Bd.(Band) = (책의) 권

Bde.(Bäde) = (책의) 권들

ders.(derselbe) = 같은 사람[저자](남자)

dies.(dieselbe) = 같은 사람[저자](여자)

Diss.(Dissertation) = 박사학위 논문

ebd.(ebenda) = 같은 곳, 같은 책

f.(folgende) = (표시된 쪽수의) 바로 다음 쪽

ff.(folgenden) = (표시된 쪽수의) 바로 다음 쪽들

hg. v. ……(herausgegeben von……) = ……에 의해 편찬된(간행자, 편자 표시)

Mschr. (Maschinenschrift) = (정식 출판본이 아닌) 타자본

Ndr. (Neudruck) = 신판新版, 재인쇄

o.(oben) = 위에서, 위의

o. J.(ohne Jahresangabe) = 연도 표시 없음

s.(siehe!) = 보라!, 참조!

s.v.(sub voce) = ……라는 표제하에

u.(unten) = 아래에서, 아래의

v.(von) = ……의, ……에 의하여

vgl.(vergleiche!) = 비교하라!, 참조!

z. B.(zum Beispiel) = 예컨대, 예를 들자면

zit.(zitiert) = (……에 따라) 재인용되었음

주석

1 "Kurverein von Rense" (6. 7. 1338), abgedr. *Quellensammlung zur Geschichte der deutschen Reichsverfassung in Mittelalter und Neuzeit*, hg. v. Karl Zeumer (Leipzig 1904), 155, Nr. 126. 이에 대해서는 다음 문헌을 참조할 것. Ludwig Weiland, "Über die Sprache und die Texte des Kuevereins und des Weisthums von Rense", *Neues Archiv der Geschichte für ältere deutsche Geschichtskunde* 18 (1892), 329ff.*

2 Hans Sachs, *Der Zug Kaiser Caroli V. in Frankreich* (1544), abgedr. *Die historischen Volkslieder der Deutschen vom 13. bis 16. Jahrhundert*, hg. v. Rochus W. T. v. Liliencron, Bd. 4 (Leipzig 1869), 254. 카를 5세가 생-디지에Saint-Dizier 시를 포위했을 때 카를 5세와 이 도시 사이에 맺어진 협정에 대해 이 문헌은 다음과 같이 기록하고 있다. "이 도시는 그 때문에 완전히 공포에 빠졌으며, 협정verein 과 협약vertrag이 맺어졌다."

3 "Philipp von Hessen and den Augsburger Rat, 1. 4. 1564", abgedr. *Briefe und Acten zur Geschichte des 16. Jahrhunderts*, Bd. 1: "Beiträge zur Reichsgeschichte 1546–1551", hg. v. August von Druffel (München 1873), 8.

---

* [옮긴이] 이 협정은 신성로마제국의 황제를 교황의 개입이나 간섭을 받지 않고 선출할 권리가 7명의 선제후(마인츠 대주교, 트리어 대주교, 쾰른 대주교, 보헤미아 왕, 라인란트-팔츠 변경백, 작센-비텐베르크 공작, 브란덴부르크 변경백)에게 있다는 것을 서로 약속하고 확인한 것을 골자로 한다. 당시 보헤미아 왕을 제외한 6명이 1338년 7월 16일 렌제에 모여 이 협정에 합의했다. 이후 이 내용은 법문서로 확정되는데, 그것이 바로 '금인칙서Goldene Bulle'(1356)다. 여기서 저자가 렌제의 선제후 협정 날짜를 1338년 7월 6일로 기록한 것은 1338년 7월 16일의 오기誤記로 보인다. 그리고 렌제Rense는 독일의 라인란트-팔츠 주의 마이엔-코블렌츠Mayen-Koblenz 지방의 한 소도시로 오늘날에는 '렌스Rhens'로 표기한다.

[4] 이에 대해서는 다음 문헌을 참조할 것. Bernhard Sicken, "Der Heidelberger Verein (1553-1556). Zugleich ein Beitrag zur Reichspolitik Herzog Christophs von Württemberg in den ersten Jahren seiner Regierung", *Zeitschrift für Württembergische Landesgeschichte* 32 (1973), 320ff.

[5] Adelung Bd. 4 (1780) 1408 "Verein"에 대해 볼 것.

[6] Johannes von Müller, *Darstellung des Fürstenbundes* (Leipzig 1787), 41.

[7] Scheidemantel Bd. 2 (1782), 146.

[8] 다음 문헌을 참조할 것. *Das Staatsrecht des Heiligen Römischen Reiches Deutscher Nation. Eine Darstellung der Reichsverfassung gegen Ende des 18. Jahrhunderts nach einer Handschrift der Wimarer Nationalbibliothek*, hg. v. Wolfgang Wagner (Karlsruhe 1968), 42; Johann Georg Kerner, *Allgemeines positives Staats-Genossenschaftsrecht der unmittelbaren fryen Reichsritterschaft in Schwaben, Franken und am Rhein* (Lemgo 1788), 360.

[9] Otto Brunner, "Die Freiheitsrechte in der altständischen Gesellschaft" (1954), in: ders., *Neue Wege der Sozialgeschichte* (1956), 2. Aufl. (Göttingen 1968), 187ff. → "Bund", Bd. 1, 582ff.

[10] *Kurtzer Bericht der Fruchtbringenden Gesellschaft Zweck und Vorhaben* (Köthen 1622); Philipp von Zesen, *Der hoch-preiswürdigen Deutschgesineten Genossenschaft Erster Zwo Zünfte* ……(Hamburg 1676); 다음 문헌을 참조할 것. Karl F. Otto, *Die Sprachgesellschaften des 17. Jahrhunderts* (Stuttgart 1968).

[11] Ludwig Hammermayer, "Akadmiebewegung und Wissenschaftsorganisation. Formen, Tendenzen und Wandel in Europa während der zweiten Hälfte des 18. Jahrhunderts", in: *Wissenschaftspolitik in Mittel-und Osteuropa. Akademien und Hochschulen im 18. und beginnenden 19. Jahrhundert*, hg. v, Erik Amberger, Michael Ciesla, Lászlo Spiklay (Berlin 1976), 1ff.

[12] Leibniz, "Grundriß eines Bedenckens von aufrichtung einer Sozietät in

Teutschland zu auffnehmen der Künste und Wissenschaften" (1671?), AA 4. R.,
Bd. 1 (1931), 530, 536.

[13] Joachim Ritter, "Das bürgerliche Leben. Zur aristotelischen Theorie des Glücks",
Vierteljahresschrift für wissenschaftliche Pädagogik 32 (1956), 6ff.; ders., "Institution
'ethisch'. Bemerkungen zur philosophischen Theorie des Handelns", *Studium
Generale* 21 (1968), 659ff.

[14] Leibniz, *Grundriß*, 14.

[15] Ebd., 14ff.

[16] Ders. an D. E. Jablonski, 26. 3. 1700, abgedr. Adolf Harnack, *Gesch. d. Kgl.
Preuß. Akad. d. Wiss.*, Bd. 2: "Urkunden u. Actenstücke" (Berlin 1900), 72.

[17] Johann Georg Lotter, "Antrittsrede", in: *Der Deutschen Gesellschaft in Leipzig
gesammelte Reden, Schriften und Geschichte*, hg. v. Johann Christoph Gottsched
(Leipzig 1732), 353.

[18] Isaac Iselin, *Über die Geschichte der Menschheit*, neue u. verbesserte Aufl., Bd. I
(Zürich 1770), 387.

[19] *Journal v. u. f. Deutschland* 6 (1789); *Allg. Literatur-Zeitung*, Nr. 140, 5.
12. 1783. 다음 문헌에서 인용함. Marlies Prüsener, *Lesegesellschaften im 18.
Jahrhundert. Ein Beitrag zur Lesergeschichte* (Diss. München 1971), abgedr. *Arch. f.
Gesch. d. Buchwesens* 13 (1972), 421f.

[20] Otto Dann, "Die Lesegesellschaften des 18. Jahrhunerts und der gesellschaftliche
Aufbruch des deutschen Bürgertums", in: *Buch und Leser. Vorträge d. 1.
Jahrestreffens d. Wolfenbütteler Arbeitskreises f. d. Gesch. d. Buchwesens*, hg. v.
Herbert G. Göpfert (Hamburg 1977), 160ff., bes. 163.

[21] 이 개념은 Varnhagen v. Ense의 것으로, 다음 문헌에서 수용되고 주제로 다
루어졌다. Wilhelm Rössler, *Die Entstehung des modernen Erziehungswesens in
Deutschland* (Stuttgart 1961), 194f.; 다음 문헌을 참조할 것. Thomas Nipperdey,

"Der Verein als soziale Struktur in Deutschland im späten 18. und frühen 19. Jahrhundert", in: ders., *Gesellschaft, Kultur, Theorie. Ges. Aufs. z. Neueren Gesch.* (Göttingen 1976), 174ff., bes. 185f.

[22] "Bayerisch-ökonomischer Hausvater zu Nutzen und Vergnügen 1779 bis 1786"; *Gesammelte Schriften der Kurpfalzbayerischen Gesellschaften sittlicher und landwirtschaftlicher Wissenschaften in Burghausen*, Bd. 1 (Burghausen 1779).

[23] "Ausführliche Nachricht von der Hamburgischen Gesellschaft zur Beförderung der Künste und nützlichen Gewerbe", *Journal v. u. f. Deutschland* 8 (1791), 100.

[24] Rudolf Vierhaus, "Politisches Bewußtsein in Deutschland vor 1789", *Der Staat* 6 (1967), 175ff.

[25] Zedler Bd. 38 (1743), 171, Art. "Societät." —이 명칭은 1813년까지도 여전히 쓰였다. Campe, *Fremdwb.*, 2. Aufl. (1813; Ndr. 1970), 558의 다음 표제어를 보라. "Societät", "die Gesellschaft." 이 개념은 오직 Societätshandel 또는 Gesellschaftshandel, 그밖에 물론 Societät der Wissenschaften에만 쓰였다.—이것은 그 개념의 영역이 교육 제도들에까지 확대되었다는 증거다.

[26] Johan Jacob Moser, Neues Teutsches Staatsrecht, Bd. 17: "Von der Teutschen Unterthanen Rechten und Pflichten" (Frankfurt, Leipzig 1774; Ndr. Osnabrück 1967), 262, § 3.

[27] Johann Christoph Hoffbauer, *Naturrecht aus dem Begriffe des Rechts entwickelt* (Halle 1793), 244; 개념의 명칭들과 사상의 흐름은 실제로 변함없이 그대로다. 같은 책, 4. Aufl. (Merseburg 1825).

[28] *ALR*[=*Allgemeines Landrecht für die Preußischen Staaten*] II, 6, § 1f.

[29] 이 시대구분에 대해서는 다음 문헌을 참조할 것. Diethelm Klippel, *Politische Freiheit und Freiheitsrechte im deutschen Naturrecht des 18. Jahrhunderts* (Paderborn 1976), 135ff.

[30] Günther Heinrich von Berg, *Handbuch des Teutschen Policeyrechts* (1799), 2. Aufl.,

Bd. 1 (Hannover 1802), 243f.

[31] 이에 대해서는 다음 문헌을 참조할 것. Hans Maier, *Die ältere deutsche Staats-und Verwaltungslehre* (1966), 2. Aufl. (München 1980), 207ff., bes. 213.

[32] Klaus Schlaich, *Kollegialtheorie. Kirche, Recht und Staat in der Aufklärung* (München 1969); Ulrich Scheuner, "Staatliche Verbandsbildung und Verbandsaufsicht in Deutschland im 19. Jahrhundert", *Der Staat*, Beih. 2 (1978), 100.

[33] Johann Lorenz v. Mosheim, *Allgemeine Kirchenrecht der Protestanten*, hg. v. Christian Ernst v. Windheim (Helmstedt 1760), 426.

[34] *Freimaurer Zeitung*, Nr. 6, 15. 1. 1787, abgedr. *Quellen z. Gesch. d. Rheinlandes im Zeitalter d. Französischen Revolution (1780-1801)*, hg. v. Joseph Hansen, Bd. 1 (Bonn 1931), 55f.; 18세기 후반 비밀의 기능과 비밀 조직들에 대해서는 다음 문헌들을 참조할 것. die Beiträge in: Geheime Gesellschaften, hg. v. Christian Ludz (Heidelberg 1979); R. Vierhaus, "Aufklärung und Freimauerei in Deutschland", in: *Das Vergangene und die Geschichte, Fschr. Reinhard Wittram*, hg. v. Rudolf Thadden (Göttingen 1973), 23ff.; Reinhart Koselleck, *Kritik und Krise. Ein Beitrag zur Pathogenese der bürgerlichen Welt* (Freiburg, München 1959; Ndr. Frankfurt 1973), 39ff.; Lucian Hölscher, *Öffentlichkeit und Geheimnis. Eine begriffsgeschichtliche Untersuchung zur Entstehung der Öffentlichkeit in der frühen Neuzeit* (Stuttgart 1979), 136ff.

[35] Christoph Friedrich Nicolai, *Öffentliche Erklärung über seine geheime Verbindung mit dem Illuminatenorden. Nebst beyläufigen Digressionen betreffend Herrn Johann August Stark und Herrn Johann Caspar Lavater* (Berlin, Stettein 1788), 18.

[36] "Etwas über geheime Verbindungen", *Stats-Anzeigen* 8 (1786), 272.*

---

* [옮긴이] '관보官報'를 뜻하는 'Stats-Anzeigen'은 당시까지만 해도 여전히 쓰였던 단어로 현대식 표기인 'Staats-Anzeigen'의 오타로 오해하면 안 된다.

[37] Ebd.

[38] Christoph Martin Wieland, "Das Geheimnis des Kosmopolitenorden", *Der Teutsche Merkur* 7 (1788), 103.

[39] Joseph Marius Babo, *Über Freimaurer* (München 1784), 12.

[40] "Briefe eines Mannes an seinen Freund", *Der Teutsche Merkr* 5 (1786), 266f.

[41] Adam Weishaupt an Anton v. Massenhausen, 19. 9. 1776. agedr. Richard van Dülmen, *Der Geheimbund der Illuminaten* (1975), 2. Aufl. (Stuttgart−Bad Cannstatt 1977), 217; ders., "Anrede an die neu aufzunehmenden Illuminatos dirigentes" (1782), ebd., 166.

[42] 계명결사단이 이러한 종교적 종파성의 특징을 갖고 있다고 해석한 아이디어를 최초로 밝힌 것은 다음 문헌이다. Manfred Agethen, "Mittelalterlicher Sektentypus und Illuminatenideologie. Ein Versuch zur geistesgeschichtlich−soziologischen Einordnung des Illuminatenbundes", in: Ludz, *Geheime Gesellschaften*, 121ff.

[43] Weishupt, "Anrede", 184.

[44] Ders. an Franz Xavier v. Zwackh, 10. 3. 1788, abgedr. van Dülmen, *Geiheimbund*, 222.

[45] Kant, "Über den Geheimspruch: Das mag in der Theorie richtig sein, taugt aber nicht für die Praxis" (1793), AA Bd. 8 (1912/23; Ndr. 1968), 305.

[46] 다음 문헌을 참조할 것. Fritz Valjavec, *Die Entstehung der politischen Strömungen in Deutschland 1770–1815* (1951), Ndr. hg. v. Jörn Garber (Kronberg/Ts. 1978), 278ff.; Klaus Epstein, *Die Ursprünge des Konservatismus in Deutschalnd. Der Ausgangspunkt: Die Herausforderung durch die Französische Revolution 1770–1806* (Frankfurt, Wien, Berlin 1973), 105ff.; Johannes Rogalla v. Bieberstein, *Die These von Verschwörung 1776–1945. Philosophen, Freimaurer, Juden, Liberale und Sozialisten als Verschwörer gegen die Sozialordnung* (Bern, Frankfurt, Las Vegas 1976),

18ff.

[47] [Ernst August Anton v. Goechhausen], *Enthüllung des Systems der Weltbürger-Republik in Briefen aus der Verlassenschaft eines Freymaurers* (Rom 1786), XII.

[48] Leopold Alois Hoffmann, *Achtzehn Paragraphen über Katholizismus, Jesuitismus, geheime Orden und moderne Aufklärung in Deutschland. Eine Denkschrift an deutsche Regenten und das deutsche Publicum* (Deutschland 1787), 55.

[49] Ders., *Höchst wichtige Erinnerungen zur rechten Zeit* ······ (Wien 1795), 78.

[50] *Der Bürgerfreund*, Nr. 2, 30. 10. 1792. 다음 문헌에서 재인용함. *Die Mainzer Republik*, Bd. 1: "Protokolle des Jakobinerklubs", hg. v. Heinrich Scheel (Berlin 1975), 67, Anm. d.

[51] Georg Christian Gottlieb Wedekind, "Rede v. 30. 10. 1792", ebd., 86.

[52] "Statutenentwurf der Gesellschaft der Freunde der Freiheit und Gleichheit" (23. 12. 1792), ebd., 418.

[53] Wedekind, "Rede v. 30. 10. 1792", ebd., 83.

[54] Charles-Jean Rougemaitre, "Rede v. 7. 3. 1793", ebd., 802.

[55] 다음 문헌을 참조할 것. "Der Bericht des kaiserlichen Gesandtschaftssekretärs" (6. 8. 1791), abgedr. Hansen, *Quellen* (s. Anm. 34), Bd. 1, 924.

[56] Graf Karl v. Nesselrode, "Erlaß v. 3. 7. 1792", ebd., Bd. 2 (Bonn 1933), 279.

[57] 실제로는 네 개 또는 다섯 개 정도의 사라질듯이 적은 수의 독서회들만이 정치적 모임으로 전환되었다. 이에 대해서는 다음 문헌을 참조할 것. Klaus Gerteis, "Bildung und Revolution. Die deutschen Lesegesellschaften am Ende des 18. Jahrhunderts", *Arch. f. Kulturgesch.* 53 (1971), 127ff.

[58] Ernst Brandes, *Betrachtungen über den Zeitgeist in Deutschland in den letzten Decennien des vorigen Jahrhunderts* (Hannover 1808), 151.

[59] Ebd., 151ff.

[60] → "Bund", Bd. 1, 644; 이러한 지시 개념의 의미 전환은 본질적인 특징에서

'협회'의 의미 전환과 평행선을 그리면서 진행된다.

[61] Friedrich Schlegel, "Philosophische Fragmente" (1798/1801), SW 1. Abt., Bd. 2 (1971), 367.

[62] Schiller, "Maria Stuart. Ein Trauerspiel" 2, 3 (1799/1800), *Werke*, hg. v. Herbert Kraft u. Hans Mayer, Bd. 2 (Frankfurt 1966), 43; → Menschheit, Bd. 3, 1093ff.

[63] Franz Grillparzer, "Blanca von Castilien" 2, 4 (1809/10), *Werke*, hg. v. August Sauer, 2. Abt., Bd. 1 (Wien 1911), 67.

[64] Wilhelm Olshausen, *Das Wartburgfest* (1817); August Wenzel, *Silvester* (1818); Joseph G. Zuccarini, *Festlied* (1820). 이 모든 텍스트들은 다음 문헌에서 재인쇄됨. *Burschenschaftliche Dichtung von der Frühzeit bis auf unsere Tage. Eine Auslese*, hg. v. Friedrich Harzmann (Heidelberg 1930), 41, 50, 62.

[65] Zacharias Werner, "Martin Luther oder die Weihe der Kraft" (1807), *DNL* Bd. 151 (o.J.), 46.

[66] Schleiermacher, "Gelegentliche Gedanken über Universitäten in deutschem Sinn" (1808), *SW* 3. Abt., Bd. 1 (1846), 550. 539f. 542f.

[67] J. D. F. Mannsdorf, "Aktenmäßiger Bericht über den geheimen deutschen Bund und das Turnwesen", in: *Geschichte der geheimen Verbindungen in der neuesten Zeit* (Leipzig 1831), H. 1, 41; 다음 문헌을 참조할 것. O. Dann, "Geheime Organisierung und politisches Engagement im deutschen Bürgertum des frühen 19. Jahrhunderts. Der Tugendbund—Streit in Preußen", in: Ludz, *Geheime Gesellschaften* (s. Anm. 34), 399ff.

[68] Mannsdorf, "Aktenmäßiger Bericht", 41.

[69] Theodor Schmalz, *Berichtigung einer Stelle in der Bredow—Venturischen Chronik für das Jahr 1808. Über politische Vereine und ein Wort über Scharnhorsts und meine Verhätnisse zu ihnen* (Berlin 1815), 15.

[70] Barthold Georg Niebuhr, *Über geheime Verbindungen im preußischen Staat und*

deren Denunciation (Berlin 1815), 8.

71 Ebd., 8f.

72 Ebd., 10.

73 이러한 정의定義는 다음 문헌을 따랐음. O. Dann, "Die Anfänge politischer Vereinsbildung in Deutschland, in: Soziale Bewegung und politische Verfassung, Beiträge zur Geschichte der modernen Welt", *Fsch. Werner Conze*, hg. v. Ulrich Engelhardt, Volker Sellin, Horst Stuke (Stuttgart 1976), 197ff.

74 "Der deutsche Bund gegen Napoleon und die Jahn'sche Untersuchung. Ein amtlicher Bericht E. T. W. [A.] Hoffmann's vom 15. 2. 1820 als Dezernenten im Jahn'schen Prozeß", abgedr. Heinrich Proehle, *Friedrich Ludwig Jahn's Leben. Nebst Mitteilungen aus seinem literarischen Nachlasse* (Berlin 1855), 326.

75 Friedrich Ludwig Jahn, *Die deutsche Turnkunst zur Errichtung der Turnplätze, zusammen mit Ernst Eisele* (Berlin 1816), VI. XI.

76 Arndt, "Entwurf einer teutschen Gesellschaft" (1814), *Werke*, Bd. 13 (1908), 260f.

77 → "Bund", Bd. 1, 646.

78 "독일 교육과 친목 협회"는 기센의 "게르마니아"를 계승하는 조직인데, 이 조직은 게르마니아라는 명칭 때문에 동향의 다른 적대적 단체들로부터 1815/16년 겨울학기에 정치적 모반을 꾀한다고 밀고당했다. 이에 대해서는 다음 문헌을 참조할 것. Hermann Haupt, *Karl Follen und die Gießener Schwarzen. Beiträge zur Geschichte der politischen Geheimbünde und der Verfassungsentwicklung der alten Bruderschaft in den Jahren 1815–1819* (Gießen 1907), 10ff.

79 "Schreiben des Jenenser Burschentages" (April 1818), abgedr. Georg Heer, *Die ältesten Urkunden z. Gesch. d. allgemeinen dt. Einheitsbewegung*, hg. v. H. Haupt u. P. Wentzke, Bd. 13 (Heidelberg 1932), 122.

80 [Karl Follen], "Beiträge zur Geschichte der teutschen Samtschulen seit dem Freiheitskriege 1813", abgedr. Der Gießener Ehrenspiegel, hg. v. Carl Walbrach

(Frankfurt 1927), Vorwort, 5.

[81] *Amtliche Belehrung über den Geist und das Wesen der Burschenschaft, aus den Untersuchungsakten gezogen und zunächst zur Verwarnung für alle Studierenden an den königlich—preußischen Universitäten bestimmt* (Halle 1824), 7f.

[82] → "Bund", Bd. 1, 640ff.

[83] Kant, "Metaphysik der Sitten" (1797), AA Bd. 6 (1907/14; Ndr. 1968), 350.

[84] Ders., "Zum ewigen Frieden. Ein philosophischer Entwurf" (1795), ebd., Bd. 8, 385.

[85] F. Schlegel, "Die Entwicklung der Philosophie in zwölf Büchern" (1804/05), *SW* 2. Abt., Bd. 13 (1964), 165.

[86] Ebd.

[87] Ebd., 165ff.

[88] Ebd., 167.

[89] W. v. Humboldt, "Denkschrift über die deutsche Verfassung" (1813), *AA* Bd. 11 (1903), 98.

[90] Ebd., 99.

[91] Ebd., 101.

[92] Frh. vom Stein, "Bemerkungen zur Verfassungsdenkschrift Wilhelm v. Humboldts" (3. 1. 1814), *Br. u. Schr.*, Bd. 4 (1963), 428.

[93] "Schlußakte der Wiener Ministerkonferenzen" (15. 5. 1820), abgedr. *Dokumente zur deutschen Verfassungsgeschichte*, hg. v. Ernst Rudolf Huber, Bd. 1 (Stuttgart 1961), 81.

[94] Carl Welcker, Art. "Deutscher Bund und Bundesrecht", Rotteck/Welcker 2. Aufl., Bd. 4 (1846), 9.

[95] Joseph v. Radowitz, "Denkschrift über die vom deutschen Bunde zu ergreifenden Maßregeln", *Ausg. Schr.*, hg. v. Wilhelm Corvinus, Bd. 2 (Regensburg o.J.), 46,

51.

[96] List, "Bittschrift der in Frankfurt zur Ostermesse 1819 versammelten Kaufleute und Fabrikanten ······ an die Bundesversammlung", *Schriften*, Bd. 1/2 (1933), 491.

[97] Friedrich Christian Adolf v. Moritz, "Mémoire über die hohe Wichtigkeit der von Preußen mit Bayern, Württemberg und Großherzogtum Hessen abgeschlossenen Zoll- und Handelsverträge ······" (Juni 1829), abgedr. *Vorgesch. u. Begründung d. dt. Zollvereins 1815-1834. Akten d. Staaten d. Deutschen Bundes u. d. europ. Mächte*, hg. v. Wilfried v. Eisenhart, Anton Ritthaler, Hermann Oncken, Bd. 3 (Berlin 1934), 532, 534.

[98] "Zollvereinigungs-Vertrag" v. 22. 3. 1833, *GSlg. f. d. kgl. preuß. Staaten 1833*, Nr. 21 (Berlin 1833), 147, Art. 1.

[99] List, "Die politisch-ökonomische Nationaleinheit der Deutschen" (1845/46), *Schriften*, Bd. 7 (1831), 443, 446.

[100] "Das Heppenheimer Programm der südwestdeutschen Liberalen" (10. 10. 1847), abgedr. Huber, *Dokumente*, Bd. 1, 262f.

[101] John Prince-Smith, "Über Handelsfeindseligkeit" (1843), *Ges. Schr.*, hg. v. Otto Michaelis, Bd. 2 (Berlin 1879), 84.

[102] 다음 문헌을 참조할 것. Nipperdey, "Verein" (s. Anm. 21), 174; Wolfgang Hardtwig, "Entwicklungstendenzen und Strukturmerkmale des Vereinswesens in Deutschland 1789 bis 1848", in: *Vereinswesen und bürgerliche Gesellschaft in Deutschland*, hg. v. O. Dann, Beih. Hist. Zs. (1983), 11f.

[103] Zedler Bd. 2 (1732), 1913, Art. "Associare": "Associiren, in Compagniegesellschaft ······ aufnehmen und einlassen, zugesellen, zusammenfügen, vergesellschaften ······; association, Gesellschaft, Zugesellung, Societät, Compagnie."

[104] 이에 대해서는 가령 다음 문헌을 참조할 것. *Schwan* 2. Aufl., Bd. 1 (1787), 140, s. v. Association.

[105] *Enc. Britannica*, vol. 3 (1771), 614, Art. "Society"; der *Dict. Ac. franç.*, 5e éd., t. 1 (1798), 61. 이 문헌은 "association" 항목 아래 "société"를 참고하라고 지시하고 있다. ebd., 5e éd., t. 2 (1798), 482. 그 문헌은 또 그 항목 아래 아직은 결속력 없이 '단체|Gesellschaft'를 위한 자연법적 보편 개념을, 그리고 공통의 목적의 실현을 위한 사적 개인들의 결속을 언급하고 있다.

[106] *Johnson* vol. 1 (Ausg. 1831), 118, Art. "Association."

[107] *Enc. des gens du monde*, t. 1 (1833), 421ff., Art. "Association"; *Dict. Ac. franç.*, 6e éd., t. 1 (1835), 117, 117, Art. "Association"; Brockhaus 8. Aufl., Bd. 1 (1833), 457, Art. "Association."

[108] Brockhaus, CL Gegenwart, Bd. 1 (1838), 244, Art. "Associationen."

[109] Ebd. — "마이어Meyer" 백과사전의 "연합" 항목도 "브록하우스" 백과사전의 이 부분을 글자 그대로 넘겨받아 서술하고 있지만, 그것을 넘어서 협회법 Vereinsrecht 부분은 아주 심도 있게 다루고 있고, 초기 사회주의도 상세히 취급하고 있다. Meyer, große Ausg., Bd. 4 (1843), 983ff., Art. "Association." 다음 문헌도 역시 그 내용은 실제적으로 매우 유사하다. *Rhein. Conv. Lex.*, 4. Aufl., Bd. 12 (1845), 359f., Art. "Vereine, bes. politische."

[110] Brockhaus, CL Gegenwart, Bd. 1, 244, Art. "Associationen."

[111] Brockhaus 9. Aufl., Bd. 1 (1843), 568, Art. "Association."

[112] Ebd., 10. Aufl., Bd. 1 (1851), 745f., Art. "Association."

[113] Ebd., 11. Aufl., Bd. 1, (1864), 747, Art. "Association."

[114] Ebd., 12. Aufl., Bd. 1, (1875), 338, Art. "Association"; 다음 문헌도 참조할 것. Meyer 3. Aufl., Bd. 7 (1874), 600, Art. "Genossenschaften."

[115] Brockhaus 8. Aufl., Bd. 8 (1835), 677f., Art. "Verein."

[116] Ebd., 10. Aufl., Bd. 11 (1854), 242, Art. "Politischer Verein."

[117] Ebd., 12. Aufl., Bd. 12 (1878), 910, Art. "Politischer Verein."

[118] Ebd., 13. Aufl., Bd. 12 (1886), 130, Art. "Politischer Verein."

[119] 신조어 '국가사회Staatsgesellschaft'에 대해서는 다음 문헌을 참조할 것. Art. "Gesellschaft, bürgerliche", Bd. 2, 753ff. 767ff.; 다음 문헌도 참조할 것. W. Conze, "Das Spannungsfeld von Staat und Gesellschaft im Vormärz", in: ders. (Hg.), *Staat und Gesellschaft im deutschen Vormärz 1815–1848* (Stuttgart 1962), 207ff., bes. 225f.

[120] O. Brunner, "Das "Ganze Haus" und die alteuropäische "Ökonomik"" (1958), in: ders., *Neue Wege* (s. Anm. 9), 103ff.; 초기 자유주의 이론에서의 전통적인 요소들에 대해서는 다음 문헌을 참조할 것. Lothar Gall, "Liberalismus und "bürgerliche Gesellschaft". Zu Charakter und Entwicklung der liberalen Bewegung in Deutschland ", *Hist. Zs.* 220 (1975), 324ff.

[121] August Ludwig Schlözer, *Allgemeines StatsRecht und StatsVerfassungsLere* ...... (Göttingen 1793), 63ff.

[122] Ebd., 73, 75.

[123] Ebd., 94.

[124] Friedrich Christoph Dahlmann, "Ein Wort über Verfassung" (1815), *Kl. Schr.* (Stuttgart 1886), 25.

[125] Eduard Henke, *Öffentliches Recht der Schweizerischen Eidgenossenschaft und der Kantone der Schweiz. Nebst Grundzügen des allgemeinen Staatsrechts* (Aarau 1824), 3, 24.

[126] C. Welcker, Art. "Staatsverfassung", Rotteck/Welcker 2. Aufl., Bd. 12 (1848), 366.

[127] Sylvester Jordan, *Versuche über allgemeines Staatsrecht in szstematischer Ordnung und mit Bezugnahme auf Politik* (Marburg 1828), 411f.; 3월혁명 이전 시기의 결사의 자유에 관한 이념의 역사에 대해서는 다음 문헌을 참조할 것. Friedrich

Müller, *Korporation und Assoziation. Eine Problemgeschichte der Vereinigungsfreiheit im deutschen Vormärz* (Berlin 1965).

[128] Carl v. Rotteck, *Lehrbuch des Vernunftrechts und der Staatswissenschaften*, Bd. 2 (Stuttgart 1830), 138.

[129] S, Jordan, *Lehrbuch des allgemeinen Staatsrechts*, Bd. 1 (Kassel 1831), 87.

[130] August Ludwig Reyscher, *Publizistische Versuche, mit besonderer Rücksicht auf wüttembergisches Staatsrecht* (Stuttgart 1832), 164.

[131] Robert v. Mohl, *Staatsrecht des Königreichs Württemberg*, Bd. 1 (Tübingen 1829), 377f.; 유사한 것으로 다음 문헌도 있다. Heinrich Zoepfl, *Grundsätze des allgemeinen und des constitutionell–monarchischen Staatsrechts* (Heidelberg 1841), 183f.

[132] 이에 대해서는 다음 문헌을 참조할 것. Hardtwig, "Entwicklungstendenzen" (s. Anm. 102), 22ff.; Manfred Botzenhart, *Deutscher Parlamentarismus in der Revolutionszeit 1848–1850* (Düsseldorf 1977), 317ff.

[133] C. Welcker, Art. "Association, Verein, Gesellschaft, Volksversammlung (Reden ans Volk und collective Petitionen), Associationsrecht", Rotteck/Welcker 2. Aufl., Bd. 1 (1845), 723ff.

[134] Ebd., 724.

[135] Ebd., 723.

[136] Ebd., 725.

[137] Gustav v. Struve, *Grundsätze der Staatswissenschaft*, Bd. 3: "Von den Handlungen des Staates oder allgemeines Staatsverfassungsrecht. Das Volksleben" (Frankfurt 1848), 207. 215f. 218.

[138] Franz Tappehorn, *Die vollkommene Assoziation als Vermittlerin der Einheit des Vernunftstaates und der Lehre Jesu* (Augsburg 1834); S. R. Schneider, *Das Problem der Zeit und dessen Lösung durch die Assoziation* (Gotha 1834); Christoph

Friedrich Grieb, *Über Organisation der Arbeit* (Stuttgart 1846); Franz Stromeyer,
Organisation der Arbeit (Belle–Vue bei Konstanz 1844).

[139] 다음 문헌을 참조할 것. Wolfgang Schieder, *Anfänge der deutschen
Arbeiterbewegung. Die Auslandsvereine im Jahrzehnt nach der Julierevoultion von
1830* (1963; Stuttgart 1970), 191ff. 245ff.

[140] Theodor Schuster, "Gedanken eines Republikaners", *Der Gedächtete* 2 (1835),
abgedr. *Vom kleinbürgerlichen Demokratismus zum Kommunismus. Zeitschriften
aus der Frühzeit der deutschen Arbeiterbewegung (1834–1847)*, hg. v. Werner
Kowalski (Berlin 1967), 57; 다음 문헌을 참조할 것. Schieder, *Anfänge*, 197.

[141] Schuster, "Gedanken", 56f.

[142] Wilhelm Weitling, *Garantien der Harmonie und Freiheit* (1842), hg. v. Ahlrich
Meyer (Stuttgart 1974), 238.

[143] Marx/Engels, "Manifest der kommunistischen Partei" (1848), *MEW* Bd. 4 (1959),
462.

[144] Ebd., 470, 473f.

[145] Engels, "Die Entwicklung des Sozialismus von der Utopie zur Wissenschaft"
(1880), ebd., Bd. 19 (1962), 223.

[146] Marx, "Das Kapital. Kritik der politischen Ökonomie", Bd. 3 (1894), ebd., Bd.
25 (1949), 828.

[147] Ders., "Inauguraladresse der Internationalen Arbeiterassoziation" (1864), ebd.,
Bd. 16 (1962), 12.

[148] Ludwig Börne, "Briefe aus Paris, 26. 2. 1832", *Hist.–krit. Ausg.*, hg. v. Ludwig
Geiger u.a., Bd. 7 (Berlin, Leipzig, Wien, Stuttgart 1913), 117.

[149] Ebd., 118.

[150] "Statuten des Bundes der Geächteten" (um 1834/35), abgedr. *Der Bund der
Kommunisten. Dokumente und Materialien*, Bd. 1: 1836–1849, hg. v. Institut f.

Marxismus-Leninismus b. ZK d. SED (Berlin 1970), 982.

151 "Statuten des Bundes der Kommunisten, angenommen vom zweiten Kongrß" (8. 12. 1847), ebd., 626.

152 다음 문헌을 참조할 것. Schieder, *Anfänge* (s. Anm. 139), 135f.

153 가령 카를 샤퍼Karl Schapper에 의해 1840년 런던에서 창설된 "독일 교육회 Deutsche Bildungsgesellschaft" 등을 참조할 것. Engels, "Zur Geschichte des "Bundes der Kommunisten"" (1885), abgedr. *Bund d. Kommunisten*, Bd. 1, 64.

154 Schieder, *Anfänge*, 133.

155 [Johann Caspar Bluntschli], *Die Kommunisten in der Schweiz nach den bei Weitling vorgefundenen Papieren. Wörtlicher Abdruck des Kommissionsberichts an die Hohe Regierung des Standes Zürich* (Zürich 1843; Ndr. Glashütten/Ts. 1973), 31.

156 [S.], "Theorie und Praxis zur Bewältigung des Pauperismus", *Dt. Vjschr.* (1844), H. 1, 45.

157 v. Hattorf, *Ist Verarmung und dauernde Noth für einen Theil unserer Bevölkerung mit Grund zu besorgen* ...... (Hannover 1845); 다양한 해결책 구상들의 체계화에 대해서는 다음 문헌을 참조할 것. Carl Jantke, "Zur Deutung des Pauperismus", Einleitung zu: *Die Eigentumslosen. Der deutsche Pauperismus und die Emanzipationskrise in Darstellungen und Deutungen der zeitgenössischen Literatur*, hg. v. C. Jandke u. D. Hilger (München 1965), 7ff.; Klaus-Jürgen Matz, *Pauperismus und Bevölkerung. Die gesetzlichen Ehebeschränkungen in den süddeutschen Staaten während des 19. Jahrhunderts* (Stuttgart 1980), 53ff.

158 "Die Zwangsarbeitshäuser, ihre Zöglinge und die Vereine", *Dt. Vjschr.* (1844), H. 3, 5f.

159 다음 문헌들을 참조할 것. W. Conze, "Vom "Pöbel" zum "Proletariat". "Sozialgeschichtliche Voraussetzungen für den Sozialismus in Deutschland" (1954), in: *Moderne deutsche Sozialgeschichte*, hg. v. Hans-Ulrich Wehler (Köln, Berlin

1968), 111ff.; Conze, "Spannungsfeld" (s. Anm. 119), 248ff.

160 R. Mohl, "Die Vergangenheit, Gegenwart und Zukunft der politischen Ökonomie", *Dt. Vjschr.* (1840), H. 3, 36f.

161 Victor Aimé Huber, "Wirtschaftsvereine und innere Ansiedlung" (1848), *Ausg. Schr.*, hg. v. K. Munding (Berlin 1894), 840. 859.

162 Ebd., 860f.

163 Mohl, "Vergangenheit", 64ff.

164 Johann Baptist Fallati, "Das Vereinswesen als Mittel zur Sittigung der Fabrikarbeiter", *Zs. f. d. gesamte Staatswiss.* 1 (1844), 745 u. passim.

165 "Aufruf zur Bildung eines Vereins für das Wohl der Hand- und Fabrikarbeiter" (7. 10. 1844), abgedr. *Mittheilungen des Centralvereins für das Wohl der arbeitenden Klaasen*, 1. Lfg. (25. 8. 1848), Ndr. hg. v. Wolfgang Köllmann u. Jürgen Reulecke, Bd. 1 (Hagen 1980), 19. 다음 문헌을 참조할 것. J. Reulecke, "Der Centralverein für das Wohl der arbeitenden Klassen. Zur Entstehung und Entwicklung der frühen Sozialreform in Preußen/Deutschland", ebd., (23*) ff.

166 다음 문헌을 참조할 것. Heinz Richard Schneider, *Bürgerliche Vereinsbestrebungen für das "Wohl der arbeitenden Klassen" in der preußischen Rheinprovinz im 19. Jahrhundert* (Diss. Bonn 1967), 9ff.

167 Friedrich Harkort, *Die Vereine zur Hebung der unteren Volksklassen nebst Bemerkungen über den Central-Verein in Berlin* (Elberfeld 1845); ders., "Bemerkungen über die Hindernisse der Civilization und Emancipation der unteren Klassen" (1844), *Schr. u. Reden z. Volksschule u. Volksbildung*, hg. v. Karl-Ernst Jeismann (Paderborn 1969), 64ff.

168 Gustav v. Mevissen, "Über den "Allgemeinen Hülfs- und Bildungsverein"" (1845), abgedr. J. Hansen, Gustav v. Mevissen. *Ein rheinisches Lebensbild 1815–1899*, Bd. 2: "Abh., Denkschr., Reden u. Br." (Berlin 1906), 129ff., bes. 136.

[169] Franz v. Baader, "Über das dermalige Mißverhältnis der Vermögenslosen oder Prolétairs zu den Vermögen besitzenden Klassen der Sozietät ……" (1835), in: ders., *Gesellschaftslehre*, hg. v. Hans Grassl (München 1957), 237.

[170] Ebd., 241.

[171] Johann Heinrich Thöl, *Volksrecht, Juristenrecht, Genossenschaften, Stände, gemeines Recht* (Rostock, Schwerin 1846), 20.

[172] Friedrich Julius Stahl, *Die gegenwärtigen Parteien in Staat und Kirche* (Berlin 1863), 282.

[173] Ebd., 279.

[174] 다음 문헌을 참조할 것. W. Hardtwig, "Politische Gesellschaft und Verein zwischen aufgeklärten Absolutismus und der Grundrechtserklärung der Frankfurter Paulskirche", in: *Grund- und Freiheitsrechte im Wandel von Geschichte und Gesellschaft*, hg. v. Günther Birtsch (Göttingen 1981), 336ff., bes. 355ff.

[175] 이에 대해서는 다음 문헌을 참조할 것. Klaus Tenfelde, "Die Entfaltung des Vereinswesens während der industriellen Revolutuion in Deutschland" (1850–1873), in: Dann, *Vereinswesen* (s. Anm. 102), 55ff.

[176] "Verfassung des Deutschen Reiches" (28. 3. 1849), abgedr. Huber, *Dokumente* (s. Anm. 93), Bd. 1, 321. 1848년 이후 법 제정과 판결에서의 자발적 연맹들의 법적 본성의 변천에 대해서는 다음 문헌을 참조할 것. Thomas Vornbaum, *Die Rechtsfähigkeit der Vereine im 19. Jahrhundert. Ein Beitrag zur Entstehungsgeschichte des BGB* (Berlin 1976), bes. 90ff.

[177] 19세기 후반부의 입헌주의 안에서 아직은 약했던 기본법의 사후 영향에 대해서는 다음 문헌을 참조할 것. Rainer Wahl, "Rechtliche Wirkungen und Funktionen der Grundrechte im deutschen Konstitutionalismus des 19. Jahrhunderts", in: *Moderne deutsche Verfassungsgeschichte 1815–1914* (1971), hg. v. Ernst-Wolfgang Böckenförde, 2. Aufl. (Meisenheim 1981), 346ff.

[178] 다음 문헌을 참조할 것. Karl Erich Born, "Sozialpolitische Probleme und Bestrebungen in Deutschland von 1848 bis zur Bismarckschen Sozialgesetzgebung", in: *Interessenverbände in Deutschland*, hg. v. Hans–Josef Varain (Köln 1973), 72ff.

[179] Brockhaus 10. Aufl., Bd. 1, 747, Art. "Association."

[180] Ebd.

[181] Zedler Bd. 10 (1735), 887, Art. "Genossenschaft."

[182] Adelung Bd. 2 (1775), 564, s. v. "Genossenschaft."

[183] Georg Beseler, *Die Lehre von den Erbverträgen*, Bd. 1: "Die Vergabungen von Todes wegen nach dem älteren deutschen Rechte" (Göttingen 1835), 87.

[184] Ders., *Volksrecht und Juristenrecht* (Leipzig 1843), 158ff.

[185] Hermann Schulze–Delitzsch, "Das deutsche Assoziationswesen" (1858), *Schr. u. Reden*, Bd. 1 (1909), 270ff.

[186] Ders., "Die arbeitenden Klassen und das Assoziationswesen in Deutschland als Programm zu einem deutschen Kongreß" (1858), ebd., 239; vgl. W. Conze, *Möglichkeiten und Grenzen der liberalen Arbeiterbewegung in Deutschland. Das Beispiel Schulze–Delitzschs* (Heidelberg 1965), 19ff.

[187] Meyer 3. Aufl., Bd. 7, 600, Art. "Genossenschaften."

[188] "Reiselegitimationsbuch der Allgemeinen Arbeiter–Verbrüderung, Süddeutsche Vereinigung. Vereins–Statuten" (1851), abgedr. *Frolinde Basler, Sozial–Demokratie 1848/49–1863. Die erste deutsche Arbeiterorganisation "Allgemeine ArbeiterVerbrüderung" nach der Revolution*, Bd. 2; "Quellen" (Stuttgart 1962), 530.

[189] Johann Peter Eichelsdörfer, "Berichterstatter über den Tagungspunkt "Bildung der Arbeiter vermittelst der Arbeiterbildungsvereine" auf dem 1. Vereinstag d. dt. Arbeitervereine" (7./8. 6. 1863), abgedr. *Ber. über d. Verh. d. Vereinstage dt.*

Arbeitervereine 1863 bis 1869, Ndr. hg. v. Dieter Dowe (Berlin, Bonn 1980), 11.

[190] Lassalle, "Offenes Antwortschreiben an den Zentral–Komitee zur Berufung eines allgemeinen deutschen Arbeiterkongrsses", *Ges. Red. u. Schr.*, Bd. 3 (1919), 49.

[191] Ebd., 69f. → Stand, Klasse, Abschn. XIII, 2.

[192] Wilhelm Liebknecht, "Rede auf dem Nürnberger Vereinstag des "Verbandes der deutschen Arbeitervereine"" (6. 9. 1868), abgedr. Dowe, Berichte, 161.

[193] 이 결정의 글자 그대로의 문구에 대해서는 다음 문헌을 참조할 것. ebd., 163.

[194] "Vororts– und Arbeiterangelegenheiten", *Demokratisches Wochenbl.*, Nr. 1, 2. 1. 1869 (Ndr. Leipzig 1969), 5.

[195] "Allgemeiner Deutscher Arbeiter–Congreß", *Sozial–Demokrat*, Nr. 114, 30. 9. 1868.

[196] Ebd.

[197] Julius Vahlteich, "Rede auf dem Nürnberger Vereinstag des "Verbandes der deutschen Arbeitervereine"" (7. 9. 1863), abgedr. Dowe, *Berichte*, 169.

[198] 다음 문헌을 참조할 것. K. Tenfelde/H. Volkmann, "Zur Geschichte des Streiks in Deutschland", in: dies. (Hg.), *Streik. Zur Geschichte des Arbeitskampfes in Deutschland während der Industrialisierung* (München 1981), 9ff. 20ff.; U. Engelhardt, "Zur Entwicklung der Streikbewegungen in der ersten Industrialisierungsphase und zur Funktion von Strieks bei der Konstituierung der Gewerkschaftsbewegung in Deutschland", *Internat. Korrespondenz z. Gesch. d. dt. Arbeiterbewegung* 15 (1979), 547ff.

[199] Karl Walcker, *Die Arbeiterfrage mit besonderer Berücksichtigungder Deutschen Gewerkvereine– Hirsch–Duncker* (Eisenach 1881), 157.

[200] Lorenz v. Stein, *Die Verwaltungslehre*, Tl. 1: "Die vollziehende Gewalt", Abt. 3: "Das System des Vereinswesens und des Vereinsrechts" (1865), 2. Aufl. (Stuttgart 1869; Ndr. Aalen 1962), V.

[201] Ebd., 172.

[202] Ebd., 174. 180. 185.

[203] Otto v. Gierke, *Das deutsche Genossenschaftsrecht*, Bd. 1: "Rechtsgeschichte der deutschen Genossenschaft" (Berlin 1868; Ndr. Graz 1954), 881f.

[204] Ferdinand Tönnies, *Gemeischaft und Gesellschaft* (1887), 2. Aufl. (Berlin 1912), 275.

[205] Max Weber, *Geschäftsbericht, Verh. d. 1. dt. Soziologentages* (Tübingen 1911), 53. 56. ff.

[206] E. Loening/O. Loening, Art. "Vereins— und Versammlungsfreiheit", *Hwb. d. Staatswiss.*, 4. Aufl., Bd. 8 (1928), 543.

[207] Otto Maresch, Art. "Verein; Vereinswesen", *Staatslexikon*, 6. Aufl., Bd. 5 (1932), 651.

[208] Ebd., 652.

참고문헌

Guenther G. Schmalz, Zur Geschichte des Wortes "Verein", *Monatsh. f. dt. Unterricht, dt. Sprache u. Lit.* 47 (1955), 295ff.; Wolfgang Hardtwig, Vereinswesen in *Deutschland 1620-1870. Sozialgeschichte der Idee freier Vereinigung anhand der Begriffe Gesellschaft, Geheimgesellschaft, Verein, Assoziation, Genossenschaft, Gewerkschaft* (Stuttgart 1987).

찾아보기

【ㄱ】

가족협회 63

강제연맹 78

게르마니아 45, 84

결사 16, 18, 22, 39, 42~45, 56, 59,
  62, 65, 66, 72, 73

결사단 26, 28, 30

결합 12~14, 16, 18, 22, 28, 32, 38,
  41, 49, 62, 65, 66, 70, 75, 77, 92

계명결사단 27~31, 44

계몽 절대주의 23, 30

계몽주의 18, 25, 26, 28~31, 33, 38,
  39, 44, 62

공동단체 23, 57

공동사회 94

공동체 18, 21~25, 27, 39~43, 45,
  46, 51, 57, 71, 75, 85

공산주의 73

관세동맹 53

교단 29

구매적 세계협회 54

구제협회 93

국가연방 51

국가연합 49~51, 60, 62

국법 13, 48, 49, 52

국제노동자연합 86, 87

국제법 48, 49, 51, 52, 60

근면 장려를 위한 아헨 협회 77

기에르케, 오토 폰 93

길드 21, 26, 33, 84

【ㄴ】

낭만주의 49

노동자교육협회 86, 87

노동자협동조합 89

노동조합 59, 83, 88~90

노동협회 71, 83, 92, 93

니부어, 바르톨트 게오르크 42, 43

【ㄷ】

단체 13, 14, 16~29, 32~35, 38~45, 56~58, 60~62, 65, 76, 79, 84, 85, 88

달만, 프리드리히 크리스토프 63

대중문화 95

도덕-경제회 20

독서회 20, 34

독일 교육과 친목 협회 45

독일 노동자협회 연맹 87

독일 동지회 16, 17

독일 상공인 협회 53

독일연방 50~52, 60, 83

독일의 민족학교와 공익 지식의 확산을 위한 협회 77

독일협회 53

독일회 창립 구상 44

동맹 13, 57, 60, 83

동업조합 84, 88, 89

동호회 57, 59, 69

【ㄹ】

라도비츠, 요제프 마리아 폰 52

라살레, 페르디난트 86~89

라이프니츠, 고트프리트 17, 18

로마법 22, 23

루소, 장 자크 33

리스트, 프리드리히 53

리프크네히트, 빌헬름 89

【ㅁ】

마르크스, 카를 71, 73, 87

마인츠 클럽 34

《매리 스튜어트》 39

메비센, 구스타프 77

모츠, 프리드리히 폰 53

몰, 로버트 75, 76

무역단체 57, 58, 83

뮤즈주의 45

민족친우회 33

민족협회 49, 50, 52, 72

【ㅂ】

바이스하우프트, 아담 29, 30

바이틀링, 빌헬름 70

배금주의 85

법인 21, 22, 24, 56, 65, 77~79, 85, 88

법적 보호를 박탈당한 사람들의 연맹 72, 73

베르크, 귄터 하인리히 폰 25

베벨, 아우구스트 89
베젤러, 게오르크 78, 84, 85
보수주의 30, 34, 42, 64, 78, 79
뵈르네, 루트비히 72
부르주아지 71, 73
분파 42, 43, 84, 90
비밀단체 26~31
빌란트, 크리스토프 28

【ㅅ】
사법私法 22
사회 23, 24, 33, 39, 59, 63, 70, 71,
　73~75, 83, 85, 95
사회적 협회 63, 93
사회화 39, 56, 62, 70
3월혁명 32, 51, 52, 56, 60, 61, 65,
　67, 74, 82, 83
새로운 독일 73
생시몽, 클로드 59
서약 동지 44
선제후 협정 12, 13, 97
《세계인의 백과사전》 58
수익회 16
슈말츠 42, 43
슈말칼덴 동맹 12
슈스터, 테오도르 69

슈타인 남작 51
슈타인, 로렌츠 폰 92, 93
슈탈, 프리드리히 율리우스 79
슈트루베, 구스타프 폰 68
슐레겔, 프리드리히 39, 49, 50
슐뢰처, 아우구스트 루트비히 63
슐체-델리취, 헤르만 85
《시민의 친구》 32
시민협회 62
신인문주의 40, 45
실러, 프리드리히 39

【ㅇ】
아른트, 에른스트 모리츠 44, 45
얀, 프리드리히 루트비히 43, 45
엥겔스, 프리드리히 71, 73, 87
연대 12, 58
연대공동체 85
연맹 13, 24, 33, 39, 45, 46, 48, 49,
　60, 61, 64, 72, 73, 84, 88, 93~95
연맹국가 51
연방 44, 50~52
연정 60, 71, 83
연합 12, 13, 24, 33, 56~60, 64, 66,
　67, 69~72, 74~79, 82~84, 87, 92,
　93

영구 평화 48, 49

영국 26, 39, 52, 57, 59

영방국가 43

예술과 유익 기업 진흥회 20

오언, 로버트 59

왕립학회 17

왕정복고 43, 49

유토피아 30, 48, 87

유형학 93

의인동맹 72

의회주의 44, 67

이익사회 59, 94

이젤린, 이작 19

인간협회 63

일반 원조와 교육 협회 77

일반의지 33

【ㅈ】

자연법 13, 16, 21~25, 49, 62, 64

자유로운 출판을 지지하는 독일
  조국협회 72

자유의 축제협회 40

자유주의 32, 52, 53, 61~70, 72, 76,
  77, 85~87, 90, 93, 95

자코뱅 클럽 31, 46

자코뱅주의 32, 33

재생주의 44, 45

절대왕정 26, 27, 29, 30, 42, 44

정당 42, 43, 61, 67, 68, 94, 95

정치협회 42, 60, 61

조합 17, 18, 20, 22, 23, 25, 60, 75,
  84

종단(종파) 26, 28, 29

직업협회 90

【ㅊ】

청년 독일 73

체들러, 고트프리트 22

체조예술가협회 44

【ㅋ】

카시닌주의 45

칸트, 임마누엘 30, 49, 50

코르들리에 클럽 31

【ㅌ】

퇴니스, 페르디난트 94

튜토니아 45

【ㅍ】

팔라티, 요한 밥티스트 76

평등과 자유 친우회 32

폴렌, 카를 46

퓌이양 클럽 31

푸리에, 샤를 59, 69, 70

프랑스 31, 34, 44, 57, 58

프랑스 학술원 17

프랑스혁명 31, 33, 63

프랑크푸르트 국민의회 82

프로이센 24, 42, 52, 53, 83

프롤레타리아 71, 75, 76

프리메이슨 26, 28, 31, 44

프리젠, 프리드리히 43, 44

【ㅎ】

하르코르트, 프리드리히 77

학생조합 40, 45, 46

학회 17~19, 39

한제만, 다비트 77

헤펜하임 집회 53

혁명주의 78

협동조합 60, 75, 78, 83~85, 88, 89, 92~95

협회 17, 20, 24, 28, 32, 33, 38~41, 43~46, 48~53, 56~70, 72~78, 82~85, 88, 89, 92~96

협회 인간 94

협회 피로감 96

황금십자단 26, 28, 44

후버, 빅토르 아이메 75

후원협회 87, 93

훔볼트, 빌헬름 폰 50

히르쉬-둔커의 수작업 노동자 협회 90

코젤렉의 개념사 사전 24 — 협회

⊙ 2022년 10월 29일 초판 1쇄 발행
⊙ 2022년 11월 5일 초판 2쇄 발행
⊙ 글쓴이   볼프강 하르트비히
⊙ 엮은이   라인하르트 코젤렉·오토 브루너·베르너 콘체
⊙ 기 획   한림대학교 한림과학원
⊙ 옮긴이   최성철
⊙ 발행인   박혜숙
⊙ 펴낸곳   도서출판 푸른역사
    서울시 종로구 자하문로8길 13 (우 03044)
    전화: 02)720-8921(편집부) 02)720-8920(영업부)
    팩스: 02)720-9887
    전자우편: 2013history@naver.com
    등록: 1997년 2월 14일 제13-483호
ⓒ 한림대학교 한림과학원, 2022

ISBN   979-11-5612-234-0 94900
세트   979-11-5612-230-2 94900